心里的那条河

一风 / 著

文匯出版社

小里的那条河

一凡 著

文國出版社

人性的自私和爱,就像一朵盛开的花,盛开之前它要吸收阳光和雨露,盛开之后它能吐露芬芳。人性的结构是欲望,欲望孕育着美丽、健康和成就的需求。凡事讲究适度,过度就是伤害。

——作　者

目 录

001 / 我的困惑和迷茫

与觉明法师的对话

第一次对话

010 / 没有哪个人去努力追求他不需要的东西
013 / 表达什么，就在意什么
016 / 彼此嫉妒最终伤害的是谁
017 / "直接理论"的后果

有些人总喜欢自欺欺人 / 019
小名小利会让人丧失良知 / 021
欲望蒙蔽心智 / 023
无眠而欢喜的夜 / 025

第二次对话

028 / 以因果观来看待生命
031 / 断除贪欲才能获得自在
033 / 安贫乐道，追求智慧
038 / 战胜自身障碍定能获胜

知识破除愚昧 / 040
将爱无声地给予贫穷的人 / 042
欲望和清贫安乐的区别 / 044
感恩生命的意义 / 046

第三次对话

050 / 为何要除断已生之恶
053 / 如何能使未生之恶不生
055 / 如何能使未生之善能生

如何使已生之善能更增长 / 057
如何看待父母和子女 / 059
如何看待烦恼 / 064

第四次对话

068 / 人性中的"恶"与"善"
071 / 幸福和痛苦的源头
084 / 有序社会和无序社会
生活教会了我们什么 / 101
真谛和俗谛 / 112

第五次对话

118 / 愿望是不是另一种欲望
121 / 愿望与现实的差距
123 / 愿望与实现的关系
别人的境界与你没关系 / 125
任何人都不可能是全才 / 126
不贵子见地,只贵子行履 / 128

第六次对话

132 / 生命,不能被自私的爱吞没
135 / 生命中作短暂的沉思
如何面对死亡 / 138

第七次对话

144 / 如何看待一个人
146 / 习惯于说谎的人
148 / 过度虚伪者的心理色彩
过分表现的人实质是自卑的人 / 149
朋友跟我说的一件事 / 151

第八次对话

154 / 孤独与自由是相互依存的
159 / 云层之上的声音
161 / 人为什么很难放下名利
自由的含义 / 163
怎样理解义务和道德 / 165
星空下的对话 / 170

第九次对话

178 / 自己的命运自己做主
180 / 不要相信那些带有诅咒语的转发信息
182 / 如何对待朋友借钱的事
185 / 看到别人的今天,可能就是自己的明天
187 / 与人相处,先观察自己

如何面对自己的失去 / 189
如何能做到坚持 / 191
如何面对欺骗 / 193
如何面对追求 / 195
如何看待错误 / 197
如何看待欲望 / 199
如何看待感性和理性 / 202

第十次对话

206 / 人性中是否有秩序
208 / 如何过有秩序的生活

性格对生活的影响 / 210
关于爱情的定义 / 213

后记 / 216

我的困惑和迷茫

从我18岁离开母亲出去打工,后来当兵再到转业,二十年里,见过很多人和事。为了各种各样的利益,我曾虚荣过,也虚伪过;隐瞒过,也忍耐过。在我当时看来,攀比心、虚荣心和忍耐也是一种努力。

40岁之前,我有作家圈、战友圈、朋友圈,整天跑得热热闹闹,活跃于各种社交场合。我还曾担任过一届家乡驻沪商会分会秘书长,各种招商会、年会、家乡领导来沪接待,等等,忙得不亦乐乎。接触了社会的各种角色之后,很多人的处世原则让我极为排斥:人与人相处为什么一定要趋炎附势呢?为什么要装疯卖傻呢?为什么要虚情假意呢?真诚怎么了?坦诚怕什么呢?我不崇拜任何一个人,因为是人都有不符合我观念的地方。我敬畏真理,因为真理不受条件所限制,并能给人以正确的思维和引导。40岁之后,我觉得要把时间和精力留给自己的健康,还应该静下心来思考人生和意义,写点文章,也算是不负继续做自己的文学梦。

想到做到,雷厉风行,是我做事的一贯风格。

当我拒绝社交之后,来自作家圈、战友圈、朋友圈以及商会圈的电话随之跟进。我在朋友们面前,所有的解释都显得势单力薄。无奈之下,我停用了手机。这是决绝的做法,也是不给任何人,包括不给我自己退路的做法。虽然,仍有热心之人还会通过多方渠道打听到我办公室的电话,但几经拒绝之后,也就不再穷追不舍了。再说,我又不是什么重要人物,只是朋友们看在多年的交情上多些关心罢了。

由于我的行为一反常态,从先前到处跑热衷于社交,到后来深居简出断交于朋友,我给亲朋的印象是脑子出了问题,至少我已被他们"确诊"为患有抑郁症或自闭症。可能是孤独久了的缘故,有时我也觉得自己会反应出神经质的病症状态来。我也时常提醒自己,生活不能走极端。但我又确信,做一个真实的人、过着有利于身心健康的生活不会有错。当然，我也知道，人性太复杂，欲望太妩媚，哪怕大家都深知健康极其重要，可现实中很多违背自己意愿的事却很难让人拒绝。顾于情面，还得装着像个没事人一样。我发现，那些通常没有发自内心的真实而总是露出笑脸的人，要么是自我保护，要么是迎合他人。

在我看来，人应该学会思考，面对真实。只有思考的人，才能走近真实的自己。也只有清醒的人，才知道健康对生活的意义。可很多人像我一样几十年忙碌于拼搏事业，热闹于各种应酬，却完全淡漠了自己的健康和生命。很多时候，只有当我们生病时，才意识到健康对我们的生活和事业是多么的重要。

原以为，我将思考生命的收获在适当的机会与朋友们分享。不承想，我不但没得到肯定反而被讥笑。那一刻，我的心开始真正孤独起来。我保持了很久的孤独，一方面让别人适应我的状态，另一方面也给我自己多了一份安静的空间作一次反思的精神旅程——我的思考方向到底有没有错？为什么亲朋都反对我？如果我有错，到底错在哪里？为此，我感到很困惑和迷茫。

我当然知道，我们每个人都生活在严谨的社会框架里和传统的伦理道德中。按理说，人性敞亮地活着是一种自在的生活美景。不管是亲人，还是社会中相处的同事朋友，大家生活在有规有矩的生活的框架里，享受生命里的奋斗、温暖和爱情，用生命的时光感受生活的美好。可偏偏有很多人要么虚假得非常真实，要么虚伪得十分善良。

生命的本源，应该是心灵自身在诉说。然而，心灵诉说的权力已被利益所夺，心灵已不再是原有的心灵。我发现，所有的情绪都跟利益有关。

我情愿接受刺骨的寒冷，冷能让我清醒。麻木，是人性自我毁灭的前兆。有些人在麻木的世界里苟活，不如枯萎的小草在冬日的阳光里显得动人。虚假扮演得再真实，毕竟没有真实的灵魂，时间一久必将腐化。

生命需要刻骨，真实是一种勇敢的精神。勇敢应该从孩子做起。敢于不说谎，敢于同任何人对话。品格若失去了勇敢，精神势必堕落。没有勇敢的身体，它在阳光下的影子也是斜的。孩子说谎的源头，迫于被体罚。成人说谎的原因，顾于利益被损。我不愿做一个说谎的人，哪怕失去在别人看来是一个不应该失去的利益。

我认为自己一如既往地热爱着生活。虽然我的生活观念改变了，但并不代表我不热爱生活。有时也想，我这样的想法和做法在现实生活中，会不会被人认为忘恩负义？于我而言，那些曾帮助过我的人，不管是我的老师，还是我的老领导，抑或是我的长辈和战友们，他们都已进驻我的内心深处，他们给予我的爱已化为一种精神，我用来爱护自己，去关心他人。

生活是现实，我也需要交流。当我找不到一位能与我做一次灵魂对话的人，感到十分的孤单。面对生活和生命，我开始失望、迷茫，甚至不知所措。在我身心如此不堪之时，母亲又突然因病去世，令我痛不欲生。在这种境遇下，我也开始怀疑自己是不是精神上出现了毛病，我常常会毫无理由地出现情绪暴躁的症状，对人说话没有一点耐心。

一个人的内心如果缺失了被理解和温暖的情怀，那么在生活中哪怕他再热心、事业上再优秀，在精神世界里也是半个废人。借此，我要寻找心灵安放的一块福田，给自己种下一棵春花烂漫的桃树——以辟人性虚伪之邪，以获人间真实之情。

我一直在寻找真实的自己，也一直在寻找可以交流的朋友。

2018年深秋，在上海师范大学古典文学教授俞明芳先生的介绍下，我走近了上海龙华古寺知客、湖州市南浔区善琏镇国太寺住持觉明法师。说实话，在社会生活中，我已浑身中弹，身心疲惫。至于我能否从觉明法师这里获得满意的答案，我是心存疑虑的。毕竟，我还并不了解他。由于我不了解佛教，加之个人的精神状态也不太理想，所以，我并没有第一时间去拜访觉明法师。没承想，这一拖，就是半年时间。

己亥年正月十五日，元宵节这天，我来到了国太寺。这是一个在我看来几乎濒临消失的小寺院。放眼四野，大片耕田正等待着春天翻新，稀疏的农家住宅散落在远处。是时，有缕缕炊烟袅袅升向天空，红红的晚霞映红了这片土地。看着眼前的小寺院，除了泥黄色的院墙上写着

"南无观世音菩萨"几个大字外,哪里还像个寺院的样子啊。没有像模像样的寺院牌楼,也没有庄严威仪的大雄宝殿,更谈不上什么方丈楼了。相反,只有几间岌岌可危的土地墓主的房子,还有两层上下各五间的钢筋水泥平顶的旧楼房——觉明法师说,这是"文革"期间村里盖的小学校。唯一有点新色的,就是院门口的那根旗杆上随风飘动的一面鲜艳的国旗。面对这样的小寺院,我不禁有点失望。这哪里像个寺院的样子啊,太不像话了,简直就是一个即将破产的小公司啊。转而一想,我是来求教的,又不是来观庙的。

觉明法师的办公室就设在那幢钢筋水泥平顶的旧楼房的二楼。办公室里有一张茶几,上面放着一把茶壶还有几只功夫小茶杯。觉明法师为我认真地泡茶。此时,远处的零星的村庄里传来了阵阵烟花爆竹声,打破了宁静而安详的夜空。如果不是这烟花,我差点都忘记了这天是元宵节呢。不知什么时候天空开始落下了雪粒子,细细碎碎地敲打着地面,发出窸窸窣窣的声音来。此刻,我的心头生起一种从未有过的清净来,这陌生又亲近的感觉仿佛与我已失联了很多年。我静静地看着眼前的觉明法师熟练地洗杯换茶,那冒着热气的水给干燥的空气和清冷的房间里稍微滋润了湿气和温度。觉明法师对我说,晚饭吃了汤圆,现在喝点热茶可以助消化的。这是我有生以来第一次走近寺院里的僧人,我的心情宛如一溪清水在心里静静地流淌着,一切感受都是新鲜而清凉的。

坐在觉明法师的办公室里,喝了两口热茶,浑身感觉暖和了一些。我抬眼观看这个陌生的地方,如果不是室内还有空调,我真不敢想象这里的冬天将如何度过。江南这地方,二月份的雨水天气是渗透骨子里的寒,虽说气温也并不算很低,但潮湿的寒气总令人浑身紧缩。我仔细端详着这个办公室里的桌椅,连一个沙发也没有,只有放着红色坐垫的老式的几把实木椅子。除了那冒着热气的茶水之外,我还真的找不到其他什么可以给人带来温暖的地方。我们的话题就随着热茶的香气在房间里飘散开来了。

初次相遇,一经交流,深感彼此契合机缘。觉明法师许诺,说只要我方便就可前往国太寺——他希望我们通过交谈,让我能有圆满的收获。由于我和亲友们无法进行正常沟通和交流,所以,我想借以文字的形式让他们了解我内心真实的世界。同时,我也想将这些很有收获的交谈分享给更多的人。所以,就有了这一本书。对我来说,也是精神上再作一次梳理和提升。

与觉明法师的对话

一个人,在浩瀚无垠的宇宙里,微尘一般。但人的大脑,又宛如一个浩瀚无垠的宇宙。诸事有序,一切因果。人心有爱,必得赞叹。这是一次完全的精神之旅。与觉明法师的十次对话,令我如沐银河,心境朗然……

第一次对话

没有哪个人去努力追求他不需要的东西
表达什么，就在意什么
彼此嫉妒最终伤害的是谁
"直接理论"的后果
有些人总喜欢自欺欺人
小名小利会让人丧失良知
欲望蒙蔽心智
无眠而欢喜的夜

没有哪个人去努力追求
他不需要的东西

觉明:"你的状态怎样?"

我:"我怀疑自己的思维是否有了毛病,生活确实一团糟。我的生活中几乎所有的想法和做法,基本上都得不到家人和朋友们的理解,这让我感到特别的痛苦。"

觉明:"别人不理解你没关系,关键你能理解自己吗?"

我说:"我觉得自己并没做错什么。"

觉明:"那别人又为什么不能理解你呢? 或者说,你知道他们在哪些方面不能理解你呢?"

我:"至少有一点我认为我是正确的,那就是没有哪个人去努力追求他不需要的东西。换句话说,没有哪个人不希望自己能拥有幸福。事实情况是,生活中每个人的观念是不同的,个人追求的理想生活自然也就不同。既然形式和过程不同,那么谁又有能力或智慧去要求别人追求的结果呢?"

觉明:"按你的思维,是不是可以得出这样一个结论: 一个人如果不能拥有他自己的幸福感觉,或者说不能达到他想要的生活目标,那么,即使别人给他的建议哪怕是符合现实境况的也同样会被否定。我给出这样结论的原因是人具有排他性。"

我:"您说的排他性,应该有特定的对象。如果是自己深爱的人,相反,您说的那种建议有可能不但不会被否定,还很有可能具有积极的意义呢。"

觉明:"人生如镜,很多时候自己的所作所为直接反射作用在自己的身上,犹如面对面照镜一般。对别人的真爱,有可能获得真爱。被别人远离或冷嘲热讽,很可能也会远离别人。所谓亲近者被人亲近,厌恶者被人厌恶。"

我:"如果我认为自己的观念是正确的有序的,而这些正确的有序的观念却遭到别人的指责甚至诋毁,那些人是不是恶者呢?"

觉明:"这样吧,我们来做一个思维秩序的游戏:你的观念我完全赞同,我的观念有部分被别人赞同,那么,别人对你的观念会完全赞同吗?"

我:"那倒是不一定的。"

觉明:"对头。当我们的观念一旦放入社会生活的海洋中,观念本身就会受到人性的冲击和过滤,哪怕你的观念是你所认为正确得宛如一块坚硬的礁石。但你要明白,人性如浪花。当涌动的海水遇到礁石激起千层浪之后,虽然你仍然是你的礁石,但你会被冲刷打磨,满身是洞,逐渐圆滑,面对的已不再是一片完整的大海。"

我:"如果面对的是同一个人、同一件事,会有同样的结果吗?"

觉明:"任何一个结果,都关系到基本问题的三要素:同一个人、同一件事、同一个地域(或同一个时间)。你提出的这个问题,我就举个例子来说明吧。20世纪80年代,在武汉有一位中国男士,有一天向他的同事、一位俄罗斯女士求婚。在中国人看来,黄玫瑰代表着高雅的爱情,于是,他在花店里精心地挑选了一支黄玫瑰,然后兴高采烈地去他们相约的那个公园。来到心仪已久的女士面前,他将藏在身后的黄玫瑰高兴地送给了她。女士怎么也没想到,自己爱慕的男士竟然当着很多人的面这样羞辱她,她气得把黄玫瑰扔在地上,哭着跑开了……"

我:"既然女士很爱男士,男士又送她玫瑰,她为何将玫瑰扔在地上又哭着跑开了呢?"

觉明:"这就是常识问题了。在俄罗斯,黄玫瑰代表分手的意思,而她不了解黄玫瑰在中国是寓意高贵的爱情。所以,当女士看到对方给她送来黄玫瑰时,当然会扔在地上哭着跑走了。"

听着觉明法师的话,我若有所思,又若有所悟。很多时候,总认为别人不能理解我们,"好心办坏事""好心当作驴肝肺"。实质上,是我们不了解人性的微妙关系。我们总以为别人与我们的想法是一样的,于是,我们就用自己的思维去"关心"别人,结果却得不到别人的理解。有时候,甚至还会造成对方的误解或敌视。当我们知道心理上的痛苦多源于无知时,我们就不会再去做那些好心无知的事情了。

是啊,生活是多领域的,也是多层次的。即便我是一块坚硬的礁石,可我面对的已不再是一个完整的自己。我的心散了吗?我还是原来的自己吗?是,仿佛又不是。我到底是一个什么样的人呢?此前我被所有人讥讽嘲笑,而我却始终坚持捍卫自己的真理。这么多年来,我一直生活在迷茫无助中。今天,我虽没有完全清醒过来,但我已感到了一阵阵的痛。我知道,我的灵魂还在,我的良心还没死。

表达什么，就在意什么

觉明："为什么你的亲人和朋友都排斥你，能讲讲你过去的事情吗？"

过去的事太多了，我根本不需要做任何的准备和考虑，便不假思索地说了起来。

我："比如，我过去特别喜欢帮助人。那时，我在一家医院工作，乡亲们只要生病找到了我，我总是乐于给他们找医生。有时，为了让他们省点钱，我就腾出自己的床铺，还到食堂给他们买饭吃。凡接受过我帮助的乡亲，回到家乡后都夸我。有的还特意买了点心水果什么的去看望我的母亲。有一回，我回到家乡，母亲跟我说起了邻居李大娘。李大娘待人不怎么大方，与人处事还总是得理不让人，所以，与邻居们的关系总是隔道墙。那一回，李大娘买了点心来到我家，母亲以为她走错了门。李大娘说起了我帮助她家人在县城医院看病的事。从那以后，李大娘对我母亲特别客气起来。母亲还说到镇上的许大爷，他家开了一间面粉加工厂，他生病时被儿子用平板车拖到医院，我跑前忙后，找了主任请了专家，不管是生活上还是精神上对他关照很多。出院后他对儿子说，只要我们家去加工面粉，不收钱。可以这样说，我在当地是出了名的乐于助人的人。我在这些乡亲们的心里俨然是个心地善良的人。每次得到乡亲们的赞扬，我的心里就会感到非常的满足和自豪。"

觉明："这不很好嘛。助人为乐，雷锋的接班人嘛。"

我："后来，我发现自己在那段时间帮助人是件违背秩序的事。当这样的观念在我的思维里出现后，我就不再帮助人了。我的观念也从此改变——不要利用自己的社会关系，去挪用社会资源。比如我帮看病的乡亲插队住院，无疑挤走了那些按秩序排队的病人床位。这是不公平的。从那以后，我不再那样帮助乡亲们了。与此同时，我在乡亲们的心里变得清高起来了，说我在城里时间一长，眼睛变得向上看了。还有甚者说我根本就不是个东西，就连亲戚也说我是个白眼狼。对于乡亲如何评价，我倒也没放在心上，可我的兄弟姐妹的事以及他们家孩子的事，我不帮忙就不那么简单了。由于观念形成的意志坚持了我的原则性，我被家人和乡亲们从此边缘化了。"

觉明："你的变化，是内心有序的变化。你要相信自己，你并没有做错。"

第一次得到别人的肯定，我心里多年来积蓄的固执稍微柔软了起来。

觉明："对于这样的观念，你能说说是如何形成的吗？"

我："对于乡亲，我对他们的看法也确实变了。你帮他们的忙，他们很高兴；如果你帮了却没能让他们满意，他们就认为我没尽力去帮；如果你帮了这次，他们下次还会毫不犹豫地来找你；你帮了一次是应该的，下一次若是不帮了，他就全盘否定之前你为他做过的所有事。更让我气愤的是，他们平时口口声声地说如何愤恨贪官走后门的事，可一旦轮到他们自己有事了，第一时间就想到要找关系。我还发现，乡亲们有一个特点，就是自家人有做官的或有亲戚做官的，会在别人面前显摆得不得了，说起谁谁谁时脸上洒满了阳光的色彩，好像是自己做官一样。说实话，我从乡亲们身上很难找到纯朴厚道的品质了。"

觉明："凡事都不能绝对，也要以客观的态度来看待生活中的一切事。人性中有一种现象不知你在意了没有，当我们的灵魂越是努力想得到更多的事物时，我们的灵魂就越感到缺乏。所谓表达什么就在意什么。"

听到这句话，我的心情开始明朗起来。

我："这点，我是深有体会的。当一个人夸夸其谈的时候，我就知道他在意的就是他所谈的那些事。他们通过表达的方式来满足自己内心的需求，虽然这些人还口口声声地表示自己并不在意。还有另一种现象，就是回避什么在意什么。比方说，一个穷孩子内心里一直盼望自己能拥有一双漂亮的运动鞋。当有一天，有人要送他一双运动鞋时，他极力掩饰内心的喜悦而回避表示拒绝。其实，这种极力拒绝是情面上过不去，而不是真的拒绝。"

觉明："人是一种很有意思的动物。一种是表达什么在意什么，另一种是回避什么在意什么。同样是在意，表现出来的形式却恰恰相反，这完全是由于个人的性格或碍于情面而造成的心理上的自我表达或掩饰的结果。"

生活宛如一片汪洋大海,它容纳了各种各样的人。所有生活在这片海洋里的人,有的人因思想赤贫而热衷于热闹,有的人因精神丰厚而独享孤独。

彼此嫉妒最终伤害的是谁

我:"工作中,我见到有些同事的嫉妒心很强,总觉得别人在领导面前抢了自己的风头,从而在工作中到处使绊,搞得大家心里都不自在。我想请问您,嫉妒心最终伤害的到底是谁呢?"

觉明:"先给你讲个故事吧,我想这样能便于你对嫉妒心的伤害有更好的理解。说从前有一个老和尚带着两个徒弟在寺庙里修持,老和尚双脚有疾,便叫两个徒弟各负责一只脚,让他们每天晚上给他的一双脚做按摩。两个徒弟从进寺庙那天起,就彼此心生嫉妒,总觉得对方在师父面前抢自己的风头。于是,双方都在心里暗算着,待寻到机会一定要解心头之恨,只是苦于一直没有机会施以报复。这天,负责按摩左脚的小和尚因扫院子一时没有回到师父的寮房,而师父已闭上眼睛半躺在椅子上等待他们的按摩。负责按摩右脚的小和尚一看机会来了,就毫不犹豫地拿起一根木棒,用力地向师父的左脚砸去,师父的左脚被打折了。这时,负责在院子里扫地的小和尚来到师父的寮房,见此情景,顺手从旁边也拿了根木棒,狠狠地把师父的右脚给打折了。"

我:"还有这样的人啊?"

觉明:"这样的人很多噢。这就是嫉妒心的恶果。"

我:"那这样倒霉的不是那个师父吗?"

觉明:"那你觉得两个小徒弟会受到怎样的惩罚呢?"

我:"这个就不言而喻了吧。"

觉明:"所以,嫉妒心是破坏团结的恶源,哪里有嫉妒心,哪里就会有恶果。"

我:"按这样说来,嫉妒心最终伤害的应该是所有人了?"

觉明:"小则伤害两个生嫉妒心的人,大则危及整个团体。"

我:"那如何杜绝嫉妒心呢?"

觉明:"通过自我修养的提升,培植正确看待自己与别人的差距和包容的心理。做到见贤思齐,虚心学习,以提升自己的品德。"

"直接理论"的后果

我:"由于我的生活和工作的观念调整后,亲朋都不能理解,但他们也不乏给我传递关心。可是,很多时候,我觉得他们的关心反而让我增添了烦恼。我想请教一下,应该如何看待别人的关心呢?"

觉明:"别人关心你,说明你在别人的心里还是值得尊重的,至少,对于你的这些亲朋来说,你并不是那种可有可无的人。你若这样想,可能会减少一些你对他们的过度关心烦恼的程度。"

我:"朋友倒还好一些,只是偶尔通个电话问及一下我的生活和工作现状。可我的姐姐还有我的长辈们就不一样了,可能是血缘关系的缘故,每次给我打电话,先是问候一下,说着说着就提到我的个人问题。无论我如何解释,可他们总是以得理不让人的那种理由,还说得头头是道。说实话,这让我很反感。我又不是小孩子,我有自己的思想和观念,难道非得按他们的思路去生活才是符合正常的心态吗?"

觉明:"你说的这些情况,其实就是一个度的问题。首先,关心是没错的,只是有点过了头。"

我:"那我到底如何做才能让他们不再这样让我烦呢?"

觉明:"你遇到的这个问题,其实是'直接理论'的后果。"

我:"我从没听过'直接理论'这个概念。"

觉明:"这是我总结的一个非正规的定义。我先说一个现象吧,这样便于你对'直接理论'的理解。说有一个人到朋友家里做客,吃饭时,这个人刚吃第一口菜,觉得很淡,菜自然索然无味,让他很难下咽。于是,他向朋友提了出来。朋友给菜加了点盐,他再吃,感觉好香。于是他想,原来菜好吃不是菜本身,而是因为盐的缘故。于是,他让朋友把家里的盐罐子拿来。朋友将盐罐子放在他的面前,这个人吃了一口盐下肚后,觉得口干舌燥,难吃至极。"

我:"这不是个傻子吗?"

觉明:"这就是'直接理论'的后果,通常说是处理问题过度的表现。

我们若想关心一个人,得知道对方需要的是什么,如果我们光说些正确无用的话,岂不给对方造成反感?给对方需要的,才是最真切的关心。有的人难过时需要倾诉,有的人难过时需要安静,有的人难过时需要购物,也有的人难过时需要旅游,等等。每个人的情况都不一样,如果不问三七二十一,抱着都是为你好的想法,结果多是适得其反。像刚刚这个故事,过于直接的理论,只能导致自食其果。就像有一个人也以这样的直接理论推导出一个结果:猪吃草,我们吃猪肉,那还不如我们直接吃草呢。问题在于,人能将草吃出猪肉的营养和味道吗?所以说,这种直接理论去除了过程,是最愚蠢的思维。"

有些人总喜欢自欺欺人

我:"这些年来,我发现生活中好多人,明明有些事是徒劳无益的,可他们依然乐此不疲,不知是真不知道还是假不知道。"

觉明:"这个问题得怎么看,很多时候,主观的片面性很容易导致判断失误。有些事需要时间的积累,有些事需要条件的成熟,不能过分武断地下结论。你说是吗?"

我:"这点我倒是相信的。只是,我觉得对事物应该有基本的判断。比方说,我曾有一位同事,他也是我的好朋友。说实话,我们的顶头上司根本就没看好他。换句话说,顶头上司有自己的心腹。工作中,顶头上司也确实提拔了他的心腹。可我的那个同事,在我看来,是个没脑子的人,也是没有原则的人,上司想利用他做事时,就会甜言蜜语一番,我的同事就会信以为真;上司不需要他时,哪怕他做再多的事,上司也不会由衷地表扬他。所以,后来我就远离了我的那个同事。"

觉明:"有些人,他需要心理安慰。其实,这样的人心理是矛盾的。在他们看来,每一次都是机会。相反,如果放弃一次机会,就将彻底失去了机会。所以,他们宁愿相信自己的顶头上司。"

我:"这又何苦呢,只是一份养家糊口的工作而已,何必把自己的自尊都搭进去呢?说心里话,我很是瞧不起这样的人。"

觉明:"以前,我看过一个类似这样的故事,不妨也分享给你。说从前有一个村子,村里有清冽的甘泉,在当时当地闻名遐迩,村子距离王城有五里地。国王命令村民每天给他送泉水,村民一天来回十里,苦不堪言。迫不得已,村民决定搬离这个村子。村长眼看村民要走,他急了,便对村民说,那我去请求国王,看能不能缩短送水的距离,那样往返就不会太累了。于是,村长请求国王,国王同意将五里改为三里。村长回到村里,把这个喜讯告诉了村民,大家都非常高兴。可有一个聪明的村民大声说,原来的五里地还是五里地,也不能因为国王说把五里改成三里就真的成了三里啊。其他村民听了之后,觉得还是应该相信国王,认为他不会欺骗大家的。于是,村民们就依然如故地每天给国王送水。"

我:"这些村民不是自欺欺人嘛。"

觉明:"难道你的那个同事不是自欺欺人吗?他情愿相信上司,也不会相信你。"

小名小利会让人丧失良知

我:"当我见到那些为了一时的名利,整天付出很多的精力和时间,有时还把不满的情绪带给自己的家人。明明心怀虚荣,却还偏偏装着像看破人生似的,对利益满口不在乎的样子。对这样的人,您是怎样看的呢?"

觉明:"每个人都有自己的追求,生活有追求,这没错。问题在于,很多人思维迷茫,净做些喧宾夺主的事,追求没实现,最终把自己的家庭和生活搞得一团糟。"

我:"很多事,明眼人一瞅,就知道有些事得不偿失,能及时调整航向,从而减少不必要的损失。为何有的人就是固执己见,一竿子捅到底,陷入其中呢?"

觉明:"利益的虚荣心蒙蔽了他们的双眼,心智有了障碍。有时他们也意识到这样继续做会得不偿失,但不死心,总抱着侥幸的心理去赌一把。"

我:"这样心理的人,属于一种病态吗?"

觉明:"那得看最终的损失程度是否影响到正常心理的防线。如果是不违背常理的事,倒也没什么;如果触及伦理道德的事,那就不能简单看这样的人了。"

我:"有类似这样的案例吗?"

觉明:"那我就把《夫妇约定分饼》的寓言故事讲给你听听吧。说有一对夫妇,家里总共有三个饼,两人各吃了一块,还剩下一块。于是,两人约定:谁要是先开口说话,就不能得到这块饼。约定之后,为了那最后一块饼,他们谁都不说话。过了一会儿,有一个小偷进他们家里来偷东西。小偷见他们像没事人似的,就把能拿的都打进了一个包袱里。可夫妇俩还是没说一句话,坐在那里一动不动。小偷最后把他们家里最值钱的一件宝贝也放进了自己的包袱里,夫妇俩还是没说一句话。这时,小偷的胆子大了起来,当着丈夫的面对他的妻子起了淫秽之心。她的丈夫亲眼看着,还是不说话。他的妻子急了,便大喊大叫起来,对她丈夫愤怒地说,你这个呆子,怎么为了一个饼,眼看贼人为非作歹也不喊他住手!不承想,她的丈夫站起来却笑着说,你先说话了,这块饼归我了……"

我:"这个故事寓意很深刻。世间就有这样的蠢人,为了一点小名小利,表面装出一副毫不在意的样子,而心里却备受虚荣和烦恼带来的种种侵袭困扰,失去了本有的善良和情怀。名利表现多种多样,怀有贪图之心的人实质都一样。"

欲望蒙蔽心智

我:"当一个人特别想做某件事时,想做那件事的力量就会非常强大。欲望又往往让人失去应有的判断,所以,又总是让人得此失彼。这是什么原因呢?"

觉明:"用正确的理性的思维去判断事物,总能得到客观的理想的结果。一旦理性被欲望左右,那么,思维的秩序就受到了干扰。凡事乱了秩序,当然就会出现顾此失彼的结果。"

我:"前段时间,我的精神状态不太好,也没心情看书写作。有一天,看了一个《仆人看门》的故事。觉得有意思,但不知故事的寓意是什么,我说给您听听,请您给我开示。"

觉明:"说来听听。"

我:"有一个人要出远门,临行时,嘱咐他的仆人说,你要看好门,要用绳子把驴拴在门板上。主人走了以后,恰逢邻村在演戏,这个仆人非常想去看,可又放不下心。于是,他就把门板卸下来,用绳子捆在驴背上,然后赶着驴到演戏的地方去看人家演戏。这个仆人走了以后,家里的财物和衣服被贼偷得干干净净。主人回来后,问这个仆人,家里的钱财和衣服都哪儿去了?仆人回答说,主人走时,交代我的是看好门,要用绳子把驴拴在门板上。除此之外,其他的都不是我该管的。主人又说,留你看门,就是叫你看守财物。财物都丢了,只留下门板还有什么用?"

觉明:"这个故事的寓意是,迷恋于欲望的人都很愚蠢,成为爱欲的奴隶。我们如果一旦贪恋地位、美色和钱财,那么,这些欲望就像一个小偷,会把我们的心给偷走。就像那个仆人,如果我们的心都被偷走了,留下的空壳子还有什么价值呢?"

我:"那我们如何正确对待欲望呢?"

觉明:"要正确我们的思维,符合伦理道德的事,我们才能去做,违背的要坚决远离。"

我:"如何理解伦理和道德?"

觉明:"伦理属于客观的,是他律。通常指的是社会层面的人与人之间的秩序。道德属于主观的,是自律。通常指的是个人与社会之间的关系。"

我:"可不可以这样来理解,如果遵守伦理道德,从一定程度上就能自省,有了正确的思维,就能保持清醒的头脑,就不会轻易犯错。"

觉明:"一个人如果能始终保持清醒的头脑,不忘初心,那么面对社会上的各种利诱,就不会轻易迷失方向和失去自己。"

无眠而欢喜的夜

我从乐于助人到独善其身,给自己保留一份清净和孤独,这样的转变,几乎没有人能理解。

觉明:"那么,你对自己的过去和现在的变化是如何看待的呢?"
我:"还是用一个例子来说明我对'乐于助人'心理排斥的人生态度的变化吧。"
觉明法师点了点头。
我:"很多年前,我在报社跟老师学习编辑业务。那时,老师鼓励我,要我多练笔,多写与百姓息息相关的小故事。对于一个热爱写作的人来说,文章能及时见报,确是一件令人愉快的事,毫不夸张地说,老师为了帮助我,我的文章时常排在版面的头条。当有一天我看到在同一版面的中间位置,有一位资深作家的文章,他的文章当然比我写得好,可老师为了我,委屈了那位老作家。可能是我良心发现吧,我决定不再写文章,决定过一种不受良心谴责的生活。几年以后,我的老师退休了,我忽然生起一个念头,如果我再写文章的话,那份报纸的版面就不是我的文章想放哪个位置就能放哪个位置的问题了,而是我的文章根本就没有人再去理会了。我这样的想法的理由是,在充满人情关系的社会,很多时候是没有秩序的。当然,我这样讲并不是想表明我写的稿件如何好却被弃于一边而寻找的一个理由,而是想表达的是这的确是一种现象。由此,我便不再为报纸写文章了,尽可能地多让自己对社会、人性、秩序、道德、真诚等做一些理性的思考。"
觉明:"人生就像阶段性的季节,每个季节都有它特有的景象。我们在社会中生活,在生命的岁月中感受人性的复杂和多变,这就要求我们适时地做心态调整,正如你所表达的那层意思,当我们得意的阶段成为过去时,就要理性地看待过去,而不能执拗于过去。我们还应该客观地面对当下的现实,保持一份泰然自若的状态。如果一味地贪恋过去而忽视当下的现实和对未来的畅想,那只能把自己推向一条难以转身的死胡同。"

我："凡事都有讲究，都有地域文化传承的力量，哪怕我用客观的做法去抗衡也无济于事，甚至对我还是一种伤害。是这样的吗？"

觉明："社会生活中的一切，不要说人与人之间讲究交际、习惯、观念等问题，就是人与物之间也是极其讲究的。正如一位热爱养鸟的人曾对我说过，买鸟要看产地，百灵讲究张家口，鹦鹉讲究青岛，而画眉则讲究四川。这些讲究，都是有着历史的文化传承而形成了人们的共识。这些共识，其实没有绝对的错与对，而是人们在赏玩中多了一种认可的情趣。同样，我们生活在人际关系纵横交错的社会中，如果你的行为特立独行，我不是说怪异，就很容易引起别人的注意。即使你的行为对别人不会造成利益上的伤害，仍然也会成为别人闲聊时的话题。如果由于你的观念转变而不能像以往那样给你的亲人和朋友们提供合适的帮助，那么你成为他们心里排斥或否定的对象也就是必然的一件事了。你要知道，你现在毕竟不是一个在农村种田的农民，而是一个可以让亲朋在某些方面获得便利的公职人员。所以，你要清楚这一点，正确看待别人对你的态度而不会感到烦恼，就是你获得轻松自在的一个先决条件。当然，我不是说你现在的观念不对，而是告诉你要理性看待这个问题或者现象，让你能接受自己的观念以及行为，并不产生对自己的怀疑或对别人的责备。我这样说，你能理解吗？"

夜已深，躺在床上，一时难以入睡，脑海里还活跃着与觉明法师的对话情景。室外的雪花越飘越大，越舞越密。看着那些飞舞在半空中的雪花，我心里不禁一阵难过而流下了泪水。听着簌簌落落的雪声，想到黄昏时分还晚霞满天，转眼就雪落寂静满庭院了。想着想着，思绪又不觉弥漫开来。不知过了多长时间，觉得夜格外的静，还格外的亮，是不是院内的灯没有关掉呢？我下意识地抬起头看了看窗外，只见一轮明月正泻下银色的光芒尽情地铺满了整个夜空。想到晚饭后与觉明法师的对话，我禁不住地有点感动起来。人生不就像这多变的天空一样吗？我披着晚霞来到国太寺，晚饭后落起了雪花，待到五更时分又皓月当空，可谓变变化化为自然，起起伏伏是人生。烦恼这东西，你在乎它，它就与你同呼共吸，你不当它一回事，它就无安身之处。回味着觉明法师对人生就是阶段性的季节的定义，让我度过了一个无眠而欢喜的夜。

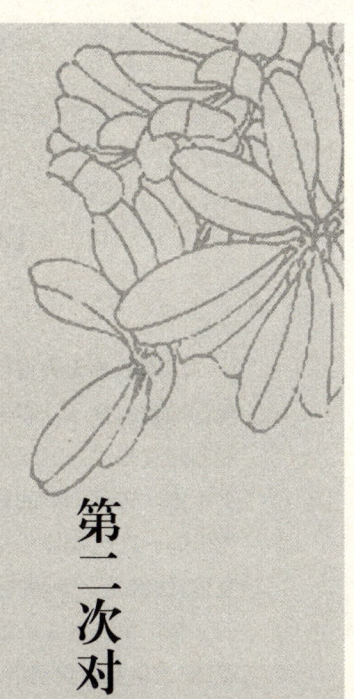

第二次对话

以因果观来看待生命
断除贪欲才能获得自在
安贫乐道，追求智慧
战胜自身障碍定能获胜
知识破除愚昧
将爱无声地给予贫穷的人
欲望和清贫安乐的区别
感恩生命的意义

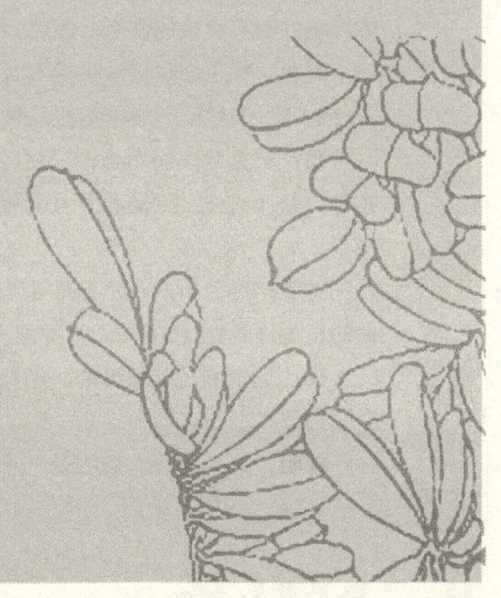

以因果观来看待生命

　　江南的冬天去得快。1月份还是寒风瑟瑟,到了3月,大地就一下子变得松软起来了。春风像仙女的手,轻轻缓缓地在人间一拨一回,大地就苏醒过来了。河水活泛微波起伏,就连电线上的小鸟也叽叽喳喳地叫个不停。寺院门前的耕田里,绿色的农植物有的已探出嫩绿的叶子,目光里的一切已初显生命的新意和生机。是夜,清朗的月亮高高地挂在夜空里,仿佛是一盏明亮的灯照亮了善琏镇这块初春如妆的土地。

　　有了第一次深入而愉快的交流,我对觉明法师有了信心。说得准确点,应该是我对自己有了信心。在我回家后的这两个月来,我的心情秩序明显有了改善。每天晚饭后都会去滨江西岸散步,我的生活也不再像以前那样糟糕了。当然,我也想了一些问题,以求觉明法师的开示。

　　我:"我对生命中出现的无常现象很难理解。比方人们常说'好人不长寿,恶人活千年'这句话,能请您解释一下吗?"

　　觉明:"首先,这句只是人们对生命过早地消逝带有情感色彩的话,并没有科学的依据。生命是生命机体功能的运作状态,其长短和做好事做坏事并没有直接的联系。既然,你提到了这个问题,我想你先回答我一个问题。如果你昨天从手机专卖店里刚买了一部新手机,到今天就坏了,或者明天就坏了,你能给出几种答案呢?"

　　我:"一是我使用不当,二是我买了假货(这点不太可能),三是手机本身质量不过关,四是我不小心摔坏了。好像再想不出其他什么理由了。"

　　觉明:"你分析的几个方面都有道理。如果把手机的质量比喻为生命的长短,你对生命中的无常现象还能理解吗?"

　　我:"这个倒是能理解的。但我对生命本身的很多现象还是不能完全明白。"

　　觉明:"好人和恶人指的是一个人的品格,品格有高尚和低下之分,也有善良和丑恶之别。你想想看,品格与生命有什么关系呢?一个人的生命长短,除了健康之外的寿终正寝,就是因长期不注重身体健康的维护生了疾病或发生意外导致生命的提前结束。生命的遗传基因很大程度上影响到当下的身体状况,但个人的维护和生活秩序也能起到极为关键的作用。对于这点,你前面想到的手机质量问题就是最贴切的解释。"

我:"您这样分析,倒是让我想到了我的几位亲人。父亲生前爱喝酒抽烟,生病前因工作上的诸多不顺而心情郁闷,最后导致脑溢血,直到去世。二叔去世前曾对我讲过,他在医院工作几十年,勤勤恳恳,在人事工作岗位上认真负责,可到头来还是没有得到提拔,心情也是不好的。三叔经常喝酒过量,脾气还不好。我的母亲源于信仰有点走偏,血压太高造成头晕,她总认为是自己哪个地方做错了,不去看医生,还坚持每天午夜起来忏悔,导致睡眠严重不足,一天不慎摔倒,失去了意识,从此再也没能醒过来。后经医院检查,是左脑大面积梗死所致。"

觉明:"你已经找到了他们昨天的病因,那么对今天的痛苦就能得到理性的判断。如果昨天的病因一直在,不是在今天病倒,也会在明天病倒。有的人体质好一些,可能病情会来得晚一点,体质若是差一点,那么生命无常就会来得早一些。我这样讲,你能明白吗?"

我:"您这样讲,我能理解的。"

觉明:"一切事物皆因果。不是他们走得太突然,而是他们昨天种的因,今天得收果。医学科学告诉我们,生命体本身如同一架精密的仪器,你维护的程度直接决定了它的运行质量和生命长短。只是,很多人被生活中的欲望给遮蔽了,忘记了自己对身体的维护。很多时候,只有病倒了,住进了医院,才恍然大悟身体的重要。"

我:"亲人去世,那种痛苦在短时间内是无法释然的。就像我的母亲去世后,整整一年我都没有缓过神来。"

觉明:"生命在于一呼一吸之间,有来自有去,谁都不可能一直活着。亲人过早去世,留给我们的应该是如何健康地活着,不要'病到方知身是苦,健时都被五欲迷'。如何善待自己和他人,要在有限的生命里,懂得'所谓布施者,必获其利益,若为乐布施,后必得安乐'的道理。待人须心宽,体己能温暖。生命本来就是让人思考和感受的,而不是用来无端消耗和浪费的。"

我："那如何来看待无常的生命呢？"

觉明："要多修习自己的内在素养，用哲学思维去看待生命，看待宇宙中的一切事物。理性和辩证地看待生命的存在和消失，即使亲人发生意外或突发疾病去世，也能通过'生死不由己''生命有定数'的自我调节方式，让痛苦得到一定程度的缓解。"

我："生死对于每个人是不是都一样的呢？"

觉明："当然不一样。有的人早一点，有的人晚一点；有的人轻一点，有的人重一点；有的人在这个方面，有的人在那个方面；有的人在自己身上，有的人在自己的亲人身上。不管怎样，谁都敌不过因果律。"

我："那用什么方法可以减少意外的发生呢？"

觉明："塑造健康的观念，时刻提醒自己保护身体；遵循善良的秩序，不做损人利己的事；培养布施的德性，要尽可能地为自己积福存德。"

我："如何做一个通透生命的人呢？"

觉明："做一个了解生命的人，必须要了解我们生命机体的四大系统对身心健康的重要影响。一是运动系统，要做到持之以恒地锻炼身体。二是呼吸系统，要远离不洁净的环境。三是脉管系统，要维护好饮食习惯和睡眠，保证血液血管的良好状态。四是神经系统，要确保我们的情绪尽可能稳定平和，不能大喜大悲。"

断除贪欲才能获得自在

我:"工作和生活中,我时常看到身边的人感到压力大,烦恼多,这到底是什么原因呢?"

觉明:"难过的是没得到,得到的是不想要。一切烦恼皆源于'贪'和'念'。对于一心想提拔的干部,日盼夜思,勤恳付出,小心谨慎,如履薄冰。这样的人,患得患失,心思缜密,既劳心又伤身,整天神经绷得紧紧的,小心翼翼,生怕得罪人。对于利用职务想牟利的干部,挖空心思,投机取巧,稍有风吹草动就饭不思夜不寐,然后到处打点,敬每一个菩萨的香,念每一尊佛的经。由于在外付出多、压力大,回到家里就懒得与家人说话,对家人也就没有很好的情绪,到头来身体不生病才怪。身心是相联的,身体不好,心情也就跟着苦了起来。"

我:"那如何才能活得洒脱一点呢?"

觉明:"人可以有点适当的虚荣心,那样能给人营造美好的心境,但要保持一个度,否则就会生起贪念之心,贪能让人忘记回头路。这里,我给你说个故事吧。古时四川有两个小和尚,一个是穷家出身,一个是富家出身。师父让他们各种一块地。到了年底,师父看穷和尚种的那块田打下的粮食要比富和尚的多。于是,就表扬了穷和尚。穷和尚受到表扬后,第二年想要得到师父更多的表扬,就偷偷地起早贪黑,多开垦了田地。而富和尚仍然只做好分内的活。结果到了年底,师父并没有表扬穷和尚,反而表扬了富和尚。穷和尚不解,便问师父。师父反问他,你多种粮食的发心是什么呢?穷和尚眨眨眼睛愣了一下,说,为了多打粮食。师父敏锐地捕捉到了穷和尚发愣的瞬间,微笑地问穷和尚:你知道我为什么要表扬富和尚吗?穷和尚摇摇头。师父语重心长地说,一个人如果能断除贪念之心,就能用清净去滋润自己的心灵;能去除攀比之心,就能用适当的努力体验收获的享受;能铲除偏见之心,就能用正知正觉感受清净的自在。你们两个人种的粮食已经够我们三个人一年的食用,况且我们还有三年的存粮。如果你不是为了得到我的表扬,你还会那么拼命吗?"

我:"穷和尚会不会有被穷怕的可能呢? 或者说,富和尚没有吃过苦,他是不是没有危机感呢?"

觉明:"穷,在人性里有两种可能:一是物质上的贫穷,二是精神上的贫穷。富,在人性里也有两种可能:一是物质上的富有,二是精神上的富有。有的人,物质上贫穷,但精神上富有;有的人,物质上富有,精神上贫穷。有的人,物质上贫穷,精神上也贫穷;还有的人,物质上富有,精神上也富有。"

我:"您是不是说,如果我们能窥探到人性深处的隐秘,就一定能得知现实生活中一个人真实的表现目的?"

觉明:"是的。只是我们很多人做的事与他内心的想法是完全相悖的。就像有的人明知是为自己获得某种利益,却堂而皇之地打着奉献的旗号。"

我:"如果我们能真实地面对自己的灵魂,那么就会少些烦恼而拥有清净自在。是这样的吗?"

觉明:"烦恼与贪婪心心相印,清净与自在休戚相关。一切方便,才能心无挂碍;悠然自得,才能无有烦恼。当然,我指的不是失去前进奋斗的信心,而是指在适当的时间和空间里要做适当的事。凡事不能过,如果过了身心能承受的那个度,你的健康和性命就会受到威胁。奋斗的意义,在于可预测的前提下,有计划有步骤地实施,所谓循序渐进,而不是过犹不及。"

我:"世上之人,业多情杂,如何才能做到自在呢?"

觉明:"自在,在于性情。若想,去做,便能得。若想,不做,便不能得。"

我:"无有烦恼与自在之间有无区别?"

觉明:"无有烦恼,内心轻松;断除贪欲,方显自在。你若见过清溪缓缓流过山涧那一幕,便知人间的自在。"

安贫乐道，追求智慧

我："如何能获得智慧呢？是通过学习吗？"

觉明："知足常乐，乐能生道，道出智慧。"

我："您能说得详细点吗？"

觉明："不满自己的生活现状，有的人生进取心，也有的人破罐子破摔。生进取心也要适当，不能过度，过度就会影响身体。一个人如果安于过清贫的生活，那么他在生活中的需要就很有限，正如苏格拉底过集市后感叹道：'此行我最大的收获，就是发现这个世界上原来有那么多我并不需要的东西。'当一个人在生活条件上满足于现状时，他就不会生起烦恼，简单而舒适，便是生活的道。道能给人以寂静的思维，直抵人性深处，将与生活基本需要的本质不相干的许多东西剥离出去，只留下清醒的头脑来思维生命的价值和生活的意义，并能判断出善恶、真伪，这种思维就是智慧。"

我："每个人都能做得到吗？"

觉明："条件是给每个人设定的，就像太阳属于每个人一样。人之所以生活在不同的境遇下，就是源于每个人的心性不同，意志有强弱，对生命的理解有差异，对生活的要求有个性。所以，同样的条件并不是适合每个人的。"

我："我可不可这样理解，只要我去努力做了，就一定能获得智慧？"

觉明："信、愿、行，是实现目标的三元素。首先，你得深信。即信自己的能力、信存在的目标、信通过自己的努力能实现的因果律。其次，你得愿切。即发愿为之终身努力奋斗。第三，你得践行。即实实在在地为实现这个目标愿意脚踏实地去做。"

我："您能讲个具体的事例吗？"

觉明："有一个女孩被她妈妈称为'笨小孩'。在她妈妈眼里，女儿确实笨。从小学一年级到六年级，几门课的成绩几乎起伏不大，语文34分，数学8分，英语35分。妈妈气得扯开了大嗓门，'整天玩，就不知道学习,还偏科这么厉害'。笨小孩说,她也很努力的,妈妈这样骂她感到很冤枉的。有一个星期天的下午,笨小孩在阳台入神地看一只蝴蝶飞舞,她伸手想去抓住它,一不小心从阳台上摔了下来。正在加班的妈妈听到这个消息后,慌不择路,慌慌张张地往医院赶,半路上还摔了一跤。笨小孩两天昏迷不醒。妈妈就抱着笨小孩,一边流泪一边给她唱歌。笨小孩被妈妈的泪水和歌声叫醒了,而且醒来后觉得自己一下子神清气爽。后来,笨小孩考上了日本早稻田大学硕士研究生班。笨小孩在写母亲的一篇文章里写道:是母亲的爱唤醒了我的智慧,而不是她的大嗓门。"

我:"这个故事我没怎么听明白。您前面讲智慧和信、愿、行有着密切的关系,这与笨小孩子的故事有什么关系呢?"

觉明:"我们做任何一件事,都源于爱——人性中的善良、正义、中道。哪怕是一件你认为多么了不起的事业,一旦这个事业离开了爱,你所有的付出意义都不大。不管我们的事业是为了国家,还是为了一个民族,事业都始终不能远离爱。这是人类赖以生存和发展的基本底线。可能客观上远离了爱,但主观上的爱永远会留存在心灵深处。正如同出家人修行,如果修到后来连自己的父母都不认了,那这样的修行就是不正道,就是远离人性的歪门邪道。同样,智慧离开了爱,它就不再触类旁通。回到那个笨小孩子的故事,就强调了她被妈妈的爱所感染而生出心与心的连接和对流——不能辜负妈妈的爱,要发奋努力,获得了知识的灵动,由此而不断进步,最终心性成熟,智慧发芽。"

我:"我想到了以前看过的一个故事:说有一个叫考恩的士兵,有一天晚上,他从外面急匆匆地回到营地,由于慌乱,他不慎撞倒了一个人。那个人起来后,掸了掸裤子上的泥土。这时,考恩才发现,他撞倒的竟是一位五星上将,吓得脸都发白了。五星上将看着眼前的士兵,气愤地问道:你知道我是谁吗?考恩结结巴巴地回答道:我知道您是艾森豪威尔将军。将军没说话,考恩壮着胆子小声地问将军:将军,您知道我是谁吗?艾森豪威尔气呼呼地说,我怎么认识你这个士兵呢?听到将军不认识自己,考恩撒腿就跑了。后来,艾森豪威尔花了很长时间才找到那个聪明的考恩。不过,将军找考恩不是为了处罚他,而是认为这小子反应实在太快,就让他做了自己的贴身秘书。我想问问觉明法师,像考恩这样的做法是智慧吗?"

觉明:"所谓智慧,就是指不损害他人利益的同时,为自己的工作和生活创造有益的捷径。"

我:"有人曾问过我,智慧如何能生出?对于这个问题,我也思考过,觉得智慧与经验有关,还与知识有关。请问您是如何理解智慧的呢?"

觉明:"任何事物的形成,都不是偶然因素决定的。正如智慧一样,它的来源取决于四个方面:一是信,二是进,三是念,四是定。有了这四个方面的基础积累,才有智慧的发芽和生成。"

我:"我很想听听这四个方面是怎样的递进关系。"

觉明:"我们实现任何一个目标,都必须以信为基础。也就是说,相信这个目标通过努力可以实现。信,既是基础,也是最高标准。如果你对设定的未来目标都不相信,又怎能实现呢?换句话说,你又怎能用心一步一个脚印去努力呢?"

我:"这点我非常赞同。信,能给人以信心,继而信任,最后信仰。有了信心,就会生起激情和动力。当通过一个阶段努力之后,取得了进展,心里就会对自己生起信任,认为我行,可以做得到。随着不断努力不断接近目标时,成功的喜悦在心里就会不自觉地形成一种微妙的信仰来。我这样理解对吗?"

觉明:"确实是这样的。信仰暗示着一种精神。精神砥砺奋进,这是实现理想极其重要的一点。有了信,就能产生精进心。精进心就是动力,就是奋进的激情。人性最大的激情就是欲望得到充分地表达。通常情况来看,有了信心,精进心充分,那么在这个阶段就会有一种念想,即想象成功时的那份美好。也正因为念兹在兹,生活中就会不断提醒自己,不能懈怠,要精进。与此同时,实现理想的定力已在内心默默地形成——念的力量表达。到了这个阶段,就会信心百倍,不会轻易受到外界干扰和动摇。"

我:"生活中,我也有过这样的经历。当自己为了某个目标而精进努力并在心里形成一种精神时,就会不怕吃苦,甚至有时还会觉得吃苦是一种必要的助推器。"

觉明："心定、性定，看一切事物和一切人，就不会轻易受到干扰。你会用客观的辩证的思维去分析事物运动的规律，还有面对利益得失时人的心态转换。同时，当你达到心定、性定状态时，就不会对一次性的利益生起欲望，反而会从长远的利益得失来判断是否需要。如此，你就不会轻易受到别人的感染。换句话说，你有了自己的辨别力。"

我："您是不是说，当我们拥有了心定、性定的品质时，就能理性地看待自己，不会再跟风，有自己的主见和行事做人的原则。是这样的吗？"

觉明："这就是人们通常说的智慧，佛教里叫慧根。智慧就是心明眼亮，不跟风，有主见，能预测事物未来的常规动向。智者不惑，是说智者不会被眼前的利益冲昏头脑，而是以清醒的思维判断事物发展的规律，就是我们常说的未雨绸缪。"

我："清醒的头脑就能判断事物发展的规律吗？"

觉明："清醒的头脑，只表明有理性的思维。对于事物发展的规律，主要源于对因果律的运用。这里，我还是举两个例子来解释因果律吧，这样便于你理解。例一，有一个朋友看他的同事整天抽烟喝酒、胡吃海喝的，令他羡慕不已。他想，家人总是让他不要喝酒，不要抽烟，人生在世，过百没几人，该吃吃，该喝喝，憋屈自己干吗呢？于是开始效仿同事，他却忘记了自己的高血压。结果，三年后的一天，他因脑溢血倒下来了。例二，另一个朋友想快点发财，就在今天上午，他说他背着老婆偷偷拿了20万元投资了一个做高利贷的朋友。结果，刚刚他给我来电话，说上午把20万元拿给了做高利贷的朋友，下午再打朋友的电话，怎么打都打不通，急得他心里直发慌……"

我："您讲的故事，我都听得明白。第一个例子，说的是盲目跟风，第二个例子，讲的是急功近利。可我并不明白，这两个例子与因果律之间有什么关系呢？"

觉明："第一个例子，我比喻的是'昨天和今天'，第二个例子，我比喻的是'今天和明天'。我这样说，你能明白吗？"

我："您是说，第一个例子里，过去代表因，现在代表果；第二个例子里，现在代表因，未来代表果。是这样的吗？"

觉明："对头。如果我们站在今天果的位置，去看昨天因的形成，你一定能明白今天的果是如何得来的。同样,如果我们站在今天因的位置,就基本能预测明天得到怎样的果。这就是智慧的雏形。事物皆有规律,只要以清醒的思维,理性地去分析事物的发生和发展,就不会盲目跟风,也不会急功近利。如此,烦恼就不会主动来找你,你的生活和心情也就能始终处于轻松自在的状态。"

战胜自身障碍定能获胜

我:"想到那个笨小孩,感觉她在读小学时确实是个很笨的人呢。"

觉明:"每个人的智慧是本具的。为什么有的人的智慧开发得早点,而有的人的智慧开发得晚点?这里也有大人和孩子的区别。对于孩子来说,如果能尽情地让他融入大自然,自由地呼吸人间的爱,让小小的心灵得到阳光的照耀,那么他的心智就不会受到来自父母给予的各种攀比的压力而遮蔽。正如前面的那个笨小孩在她的文章里写的那样,是她的妈妈给予的爱而唤醒了她的智慧一样。"

我:"那对于成人来说,又作如何解释呢?"

觉明:"作为一个在社会上工作多年的人来说,社会上的各种欲望习气的沾染,已将那颗明亮的智慧之心蒙蔽上许多灰尘,智慧难以与阳光呼应。欲望的盼望、努力和获得,无疑将智慧之光蒙上一层厚厚的尘埃。那些尘埃就是障碍,障碍令身心处于迷乱状态,从而让人的思维在欲望的引诱下越走越偏,越走越远。轻者让人无端心起烦恼,重者疾病缠身,苦不堪言。"

我:"烦恼侵扰,如何避之?"

觉明:"这里,我再给你讲个故事吧。以前有位老板请我给他化解身心疾病,我让他把自己的工作和生活的状态告诉我。他说,有一天早上醒来打开手机,就接到一个广东老板催促还款的电话。他心里很是气愤,刚起来催命鬼就来了,但他还得忍住气,一边给人家解释一边讨得再宽限半天,说地皮今天上午就定夺,贷款下午就能到账。到了公司,秘书对他说郊区的那块地皮被人抢走了。他一下子跌坐在椅子上,这生意还怎么做啊?这根本就不让人活了呢。"

我:"那后来呢?"

觉明:"我说,一个人能做多大的事,能做多少的事,都跟自己的心性、心智、心力有关。谁都想拥有整个城市的财富,但事实上又有几个能做到呢?量体裁衣,因己而宜,做适合自己的事,心不会太累,又能满足自己的愿望,这样的人生不是很好吗?"

  我:"嗯,那个老板应该有所启发吧?"

  觉明:"一年后,他来看望我。一看他满面红润,就知道他的压力减少了。果然,他爽朗地对我说,回去后他根据自己的实力,从市场实际入手,将公司进行了合理调整。现在生意做得踏实稳定,公司业绩明显攀升,资金周转稳定,没有人催债了,睡眠也好了。我问他,你能一直保持这样的心态吗? 他说,都50岁的人了,身体要紧,身体要紧。"

  我:"我倒是很钦佩那个老板的,能急流勇退,结合自身实际,稳中求进,给自己营造一个健康发展的未来空间,不失是一个智慧的人。"

  觉明:"他能知,并能做,这点很可贵。古人说,不贵子见地,只贵子行履。说的就是看一个人不要看他的见识有多广,懂得有多深,应该看他在做什么,怎么做,做到什么样的程度。这点很重要。"

知识破除愚昧

我:"愚昧和聪明是对立的,我能这样理解吗?"

觉明:"当然不能这样理解。愚昧指的是缺乏知识,不能合理地看待事物,聪明则是智力发达,记忆和理解能力强。"

我:"按您的意思是说,如果破除愚昧的话,可以通过学习知识,而聪明应该是与生俱来的。对吗?"

觉明:"破除愚昧应该有两层含义:一是通过学习使人获得知识,再通过思考合理地看待事物;二是通过对生命的思考,能合理地看待生活并有能力让自己生活得健康幸福。聪明虽有天性,但愚笨的人也可以通过不断学习来改善思维结构。"

我:"愚昧和愚笨有区别吗?"

觉明:"愚昧通常和无知搭档,可见,愚昧是没有文化的表现。所以,也有一些人既愚昧又聪明。愚笨是思维运动比较慢,反应较为迟钝。所以,愚笨和聪明是对立的。"

我:"一个聪明的人,或者说一个有知识的人,就能对社会有贡献吗?"

觉明:"那倒不是。你学过《为学》这篇文章吗?"

我:"好像有点印象。"

觉明:"原文是,'吾资之聪,倍人也,吾材之敏,倍人也;屏弃而不用,其与昏与庸无以异也。'意思是说,我的天资聪明,比别人强几倍,我的才能敏捷,比别人强几倍,如果因我个人的原因放弃不用,那么就与昏昧和平庸没什么区别了。所以说,破除愚昧的目的,就是要为社会作贡献,而不是破除愚昧本身。一个人只有在为社会作贡献中才能真切地感受到生活的意义和生命的价值。"

我:"您是说,我们要想为社会多作贡献,必须要掌握必要的知识,同时还要有爱心,是这样的吗?"

觉明:"有知识而不能用,与无知识没有根本的区别。而仅仅有爱,对社会的贡献也是'爱莫能助'。所以,我们要倡导有知识、有爱心,这样才有能力去贡献社会。同样,我们想要孝敬自己的父母,不能光停留在嘴巴上,而是要有一定的能力帮助父母解决生活中的实际问题。当然,不给父母增添精神上和经济上的负担,也是另一种爱的表现。"

我:"那知识的灵魂是什么呢?"

觉明:"知识的灵魂是教训。"

我:"我不太明白。能请您说得明白点吗?"

觉明:"我想,我还是给你讲个故事吧,这样便于你理解。说有位船长曾驾驶着一艘简陋的帆船,有一次在大海上遇到了台风,他凭着自己超人的技术最终保证了自己的安全,在大海上漂泊了半个月终于回到了家。后来,他有了一艘机轮船。为了提高自己的驾驶技术,他将机轮船开进了大海的深处,航行了几千里。归来后,渔民们都称他为船王。多年后,船王的儿子长大了,他开始教儿子驾船技术。船王根据自己的经验,不仅在风平浪静时让儿子驾驶,还在遇到台风时让儿子掌舵。船王用心,还教儿子如何应对海中的暗流,如何识别台风前的天气,以及遭遇台风时的应急措施。可以说,在船王手把手的教导下,他儿子的驾驶技术越来越娴熟。于是,船王放心地让儿子单独出海了。让船王没想到的是,他的儿子在一次微不足道的台风中丧生了。船王伤心极了,而且让他想不明白的是,儿子的驾驶技术已经很好了,怎么会……有个老渔民问船王:你一直都是手把手地教他吗?船王说,是的。老渔民又问道:他一直都跟着你吗?船王点了点头。老渔民最后问道:他单独驾船遇到过台风吗?船王摇了摇头。老渔民说:你的过错在于只传授给他驾驶技术,而没有传授他教训。"

我:"这个教训故事很深刻。"

觉明:"对于知识来说,没有教训作为根基,知识只能是纸上谈兵了。正如当下很多父母对于自己的孩子,他们只关注孩子的成绩,却忽视了孩子生活中的动手能力和与人相处的基本常识。这就导致了智商高、能力低的落差现象。生活告诉我们,生活本身是一种交往,交往的质量从一定意义上决定了与人相处的关系,也从一定程度上决定了一个人幸福与否的基本要素。"

将爱无声地给予贫穷的人

我:"奶奶生前曾对我说,她最瞧不起贫穷的人,因为贫穷的人要么笨要么懒。"

觉明:"愚昧的人,因没文化知识,所以多从事体力劳动,而从事体力劳动的人往往又收入不高。对于这些人,我们不能取笑他们。如果我们取笑他们,我们的心智就连他们还不如。应当给予他们关心,去帮助他们学文化,传输科学知识。"

我:"我想起一个故事。当年我在部队时,在部队驻地认识了一个建筑工人,他也不过十七八岁。为了让妹妹读书,他放弃了自己的学业。后来,他的妹妹考上了清华大学。那一年,他在我的鼓励下,也走进军营,并通过自己的努力考上了军校。每次想起这个故事,我的心里就暖暖的。"

觉明:"这就是生活中的'授人以鱼,不如授人以渔'的典型。人性中最美的光芒,无疑是帮助他人从而自己获得精神上的充实。"

我:"那我奶奶的那种想法有道理吗?"

觉明:"她的分析是有道理的,但不能瞧不起贫穷的人。每个人都应该得到平等的尊重,即使某些人犯了错误甚至罪行,也只是他们在某个方面犯了错误和罪行,而不是人格的全部。当然,患有精神上疾病的人例外。"

我:"我常见到一些人的目光是有选择的,如果是某个领导向他们走过来,他们能远远地看到,并热情地微笑打招呼。如果是一般的同事,即使走到他们跟前,他们也是若有若无的那种眼神。这样的人,算是什么类型的人呢?"

觉明:"这是典型的选择型尊重。具有选择型尊重的人,内心是极为贫穷的,他们需要一种权威的反馈来填充空洞的灵魂。正如无聊的人总喜欢用热闹的场所驱赶孤独一样。"

我:"对于那些因生活遭遇致贫的人,我们应该如何去帮助呢?"

觉明："很多年前,一位叫星竹的朋友给我讲了个故事。这个故事会对你有启示的。说江西省万载县有一个女孩子考上了北京一所大学,当她到校后还不到两个星期,家里就传来了噩耗。她的父母和姐妹在家里制作花炮的过程中,不慎火药引爆,他们全部被炸死了。就连那间老房子也被掀了顶。从此,她成了孤儿,没有了经济来源,她读书都成了问题。思前想后,她向学校提出退学,准备回家种田聊以度生。同学们听了她的诉说后,也都没有办法,只能为她凑点回家的路费。班主任望着那张被命运摧毁的脸庞,也流下了同情的泪水。第二天,就在那位女同学准备告别老师和同学回家的时候,班主任把她叫到了自己的办公室。班主任对她说,我爱人在校报编辑部工作,当下正需要一名校对,每月350元。你看自己能胜任吗?如果你同意的话,学费我们再想办法。就这样,她入学不到两个星期成了校报的一名校对员。校报每十天编发一份,稿件并不多,她觉得并不费力。时间过得很快,一晃四年过去了,她毕业了,离开了学校。但她始终不知道四年中的每月350元的工资并非学校所发,而是编辑部人员从自己的工资里均摊给她的,她更不知道这个校报的校对员,是几名编辑专门为她而设立的岗位。这四年中,没有人说出这个秘密。当她毕业离校那天,几位编辑与她合了影。从那天起,这张合影就挂在编辑部的墙上。她离开了,几位编辑的心里突然觉得空落起来。到了发工资那天,他们已习惯了将每月的工资取出一部分,习惯了那种给予她安慰与自我心灵的净化。"

我静静地听着,心里不时地被那几位编辑的做法感染着、感动着。

觉明接着说:"面对贫穷的人,正是让我们净化心灵、反思自我的良机。"

欲望和清贫安乐的区别

我："我曾经接触过一个精神病患者，或者说是一群精神病患者。为了采访精神病患者的生活，一个冬日的午后，在上海浦东康桥，在护理部主任储惠萍的陪同下，我来到一群人当中，她们有的在下棋，有的在看报，有的在画画，有的在打扑克。我站在一位正用心刺绣的李阿姨身边。她绣的牡丹栩栩如生，我静静地看着，不由得发出惊叹来。李阿姨看到我后，对我说：'如果喜欢，绣好后送给你。'我只当是她说说而已。过了一段时间后，护理部主任还真的给我送来了那幅牡丹刺绣，还郑重其事地进行了装裱。可有谁知道，那个用心刺绣的李阿姨是个精神上有障碍的病人呢。"

觉明："精神上患有障碍的人，很多人是某个方面有障碍。这些人，只要获得温暖和爱，他们那颗被精神驱赶的心会慢慢地走回来。"

我："是的。我还知道一对精神疾病患者母女，她们一个住在浦东的康桥，一个住在闵行的颛桥，母女俩住在两个精神卫生中心。浦东康桥的上海民政第二精神卫生中心的护理员有心，当她们发现那个叫晓童的女孩想妈妈时，通过两家精神卫生中心领导同意后，院方社工小组组织了一次母女相会的感人场景。为了避免精神方面过于激动，两家护理人员做了大量而细致的准备工作。有谁能想到，当这对相隔十三年第一次见面的母女，在彼此向对方慢慢挪动的脚步中，在《鲁冰花》的歌声旋律中，她们抱头痛哭……"

觉明："当精神疾病患者远离了社会中的各种欲望之后，反而在没有追逐名利中过上一种清闲安乐的生活，他们才是自己的主人。相反，社会上那些迷恋色、声、香、味、触的人，在身心感受这些刺激中迷失了自己。他们在过度的欲望中痛苦缠身，又在毫无意义的攀比中热情四溢。"

我："为什么世俗里的人无法拒绝生活中的欲望呢？"

觉明："主要有两个方面：一、欲望是人性本具的，二、社会属性中的攀比心理。你要知道，要想拒绝外在的诱惑，首先要拒绝自己。可拒绝自己要有充分的理由啊,要心甘情愿地拒绝除非有两种情况:一是生病住院了,二是身不由己抽不出身。"

我:"所以,要想过清贫安乐的生活并非易事。您说是吗?"

觉明:"的确是这样子的。不过,我们可以把清贫理解为节俭,把安乐理解为助人,这样,多数人就能容易做到了。"

我:"清贫理解为节俭倒是容易的。把安乐理解为助人,只是助人在形式上是很难把握的。"

觉明:"你知道印度有一个叫梅农的人吗?"

我:"印象中,他好像是位慈善家吧?"

觉明:"是的,他是个很有名的慈善家。而他的那份慈善的发心,是源于他第一次去新德里。当他那天从印度刚抵达新德里火车站时,身上的钱被小偷全部偷走。在他进退两难时,只得向一位年老的锡克教徒诉说他的遭遇,希望能得到15卢比,并表示找到工作就很快还他。那位老者将钱借给了他,但当梅农向他索要住址以便于日后还钱时,老人只说,施恩的是一个陌生人,接受施恩的也是一个陌生人,无需再还。梅农就是因为那位老者对他的帮助,后来因行善出了名。"

我:"看来,欲望和清贫安乐之间,前者是向外需求,后者是向内展望。"

觉明:"懂得了人性里的这两个方向,如果再用心去做,对自己的生活会有帮助的。"

感恩生命的意义

我："我的一个朋友曾跟我说，他以前一直对于那些曾给予他帮助的人心怀感恩。后来，他越来越觉得心里承受的感恩已影响到他的生活了。我想请教觉明法师，您是如何理解感恩的？"

觉明："感恩是人性中真善美的体现，也通过感恩表达了人间的真情和美好。感恩有广义和狭义之分：广义的感恩，是如果你想报答那些曾帮助过你的好心人，你可以用自己获得的爱或知识去帮助更多的人。狭义的感恩，是你只报答那一个人，跟其他人没关系。你说的那个朋友被感恩拖累指的是哪个方面呢？"

我："听朋友说，他每年都会在过年过节时买些礼物去看望他的贵人。好多年之后，朋友觉得似乎有点太俗套了。虽然那个贵人在很多年前就已说过不要再让朋友花钱了。可朋友出于情面，仍然还是会去看望他的贵人，虽然他自己也觉得有点心累。"

觉明："你的那个朋友是对感恩的狭义理解，所以，最终他会感到心累。如果他能解开自己情面束缚的绳索，将他的贵人给予他的帮助化为一种爱，去帮助更多的需要帮助的人，那么他不但不会感到心累，反而会在布施中感受到一种美好和轻松。感恩一旦进入狭义的角色而成为生活的内容，回报的代价也会令人不堪重负！"

我："我想应该是这样的。很多年前我写过一篇文章《感恩树上的一朵小花》，写的是一个妈妈对女儿悉心的爱。文中有这样一段话：一个在加拿大出生的5岁半的小女孩，掉了一颗乳牙，她的妈妈把这颗乳牙掉落的时间记下，给孩子拍照留念，并抚摸着小女孩的头发说：'到你最后一颗乳牙掉落，还有好多年，让我们一起来记录每一颗牙齿的落与生的故事吧。'晚上睡觉的时候，女孩的妈妈按照西方的习俗，把女孩的小牙齿放在了她的枕头底下。女孩一边兴奋地等待着今晚'牙齿仙女'的到来，一边问：'妈妈，你小的时候什么时候掉的牙齿啊？'妈妈微笑着不无遗憾地告诉女儿：'我什么都不知道，那个时候我的妈妈没有时间记这些事。'小女孩听到后即刻皱起眉头,嘟起小嘴巴,搂住妈妈的脖子说:'要是你能缩回去,重新长大就好了,我做你的妈妈,把每一颗牙齿的故事都记下来,等你长大后告诉你。'听到那样的话,女孩的妈妈很感动。感动于自己对孩子成长每个环节的关注和记录,也感动于孩子反馈给妈妈的纯美的愿望和情感。那天正是 10 月 11 日加拿大的感恩节。"

觉明:"人与人之间的爱,是可以触摸到的。讲再多的关心话,不如给一点点真实的理解和温暖。"

从国太寺回家后,我的心境显然有了很大的改观。有了爽朗的心情,趁 3 月暖阳的天气,我想去杭州小玩两日。

到杭州第二天,我便去了龙井村。从岳坟出发,乘游船,赏西湖,过苏堤,车随峰转,到达九溪烟树。当地一位开车的老师傅听说我从上海来龙井村品茶,便主动向我介绍起龙井村来。他说穿过九溪十八涧,步行大约十五分钟便到龙井村。到龙井村,如果有老乡请喝茶,不要担心,喝茶后不买茶叶也没关系,他们都一样热情。

离开九溪烟树,我顺着九溪十八涧悠闲地向龙井村走去。

路都是石砖铺砌,也许是走的人多的缘故,路面显得光滑而透亮;路两旁有小溪潺潺而过,留下一串清脆的响声。上山的人很少,偶尔有一两辆汽车路过。大约走了二十分钟,有一位中年妇女推着自行车从山下向我走了过来。我向她打听龙井村。她微笑着对我说:"前面上了坡就到了。""你们家有茶叶卖吗?"我试探着问了一句。她说:"如果你不嫌弃的话,欢迎到我们家喝茶。"不一会儿,便到了她的家。

我刚坐下,她便拿出茶杯,泡上茶,热情地端给我。顷刻,茶杯里溢出一股沁人肺腑的清香。茶叶在开水中慢慢舒展开来,那嫩绿的形状,就像刚采下来似的。她连连对我说:"喝吧,喝吧,很香的。"我浅浅地尝了一口,顿觉有缕清香由口入腑,真是好茶。谈笑中,我们拉起了家常。

她说她原是宁波人,二十年前因家乡贫穷,嫁到龙井村来。全家五口人种着七口人的茶地,公公婆婆已上了年纪,孩子在读书,自己和丈夫平时虽然忙了许多,但每年可采茶四十多斤,有两万多元收入。今年她婆婆生病住院,花了一万多元。从她言谈中,我了解到,茶农种茶,辛苦一点不算什么,只要身体健康,就是全家人的幸福。

当我问起炒茶有哪些讲究的时候,她的脸上露出甜甜的笑容。她领我走到炒茶锅边,边揭锅盖边说,过去炒茶时都是烧木柴,火候很难掌握,欠火不行,过了火也不行,炒出来的茶自然也就少了几分味道;现在好了,炒茶锅下面通上电,温度恒定,炒出的茶色泽好看,味道也清香。当然,炒茶的功夫是从小练就起来的,长大后就很难学了。而孩子在读书,很少练习炒茶,以后一旦考不上学校,就连炒茶也学不会了。

我们谈话喝茶忘记了时间,一晃已到中午。阳光透过树隙斜斜照进屋内,我欲起身告辞。只见她拿出一个茶叶袋子,包了一些茶叶,说是送给我带回上海慢慢品尝。看着那张写满善良和诚意的脸,我无法拒绝。

离开龙井村后,我去灵隐寺。站在那高大森严的佛像面前,我第一次虔诚地闭上眼睛,默默地祝福那位善良的茶农朋友一生好运。

第三次对话

为何要除断已生之恶
如何能使未生之恶不生
如何能使未生之善能生
如何能使已生之善能更增长
如何看待父母和子女
如何看待烦恼

为何要除断已生之恶

一晃到了5月。每天晚上走在江边的栈桥上,放眼远望霓虹灯闪烁的卢浦大桥,侧耳聆听微波起伏水声泠泠的黄浦江,我的心情一如飘香的槐树花,心绪顺畅无碍。温和的气候,朗然的心情,我寻到了久违的舒适的心境。姐姐主动给我打来电话关心我的生活,我也能偶尔与朋友聊聊生活和工作。

经3月份那次觉明法师的开示,我感觉自己的身心越来越向好的方向发展了。晚上能做到按时睡觉,血压也得到了一定的控制。在我从国太寺回家之前,觉明法师也给我提了几个问题,让我思考一下,等下次去我们再交流。这两个月来,我着重思考了四个方面问题,即为何要除断已生之恶,如何能使未生之恶不生,如何能使未生之善能生,为何要使已生之善能更增长。

我:"善和恶,都是人性的内容,它们就像一枚硬币的正反面,离开哪一面,这枚硬币都不完整。我想请教觉明法师,您是如何看待生活中的恶的呢?"

觉明:"以前听说过你会素描,是吗?"

我:"是的,我在读中学时专门学过一个阶段,自我感觉画得还不错。"

觉明:"素描最大的特点,就是通过黑、白、灰三元色来表现物的立体特征。其中,投影(黑色)最重要。是这样吗?"

我:"的确是这样的。如果没有投影,就无法体现物的立体特征。"

觉明:"如果我们把投影(黑色)比喻为恶,你能接受吗?"

我:"好像一时有点难以接受。"

觉明:"这样说吧。假如一个单位里有一个被人称之为恶的人,其他人都是善的人,当那些善的人都对领导说着违心的话,只有那个恶的人勇敢地站起来陈述事实,那么,你认为那个恶的人在这个单位里重要吗?"

我:"……"

觉明:"那个被称为恶的人,其实就是他与众不同而已。他的实话让包括领导在内的所有人都讨厌,所以才被称之为恶。这个恶,就是物体投影的黑色部分。也只有这个恶的存在,这个群体才呈现出真实性。试想,一个物体在光的斜照下如果没有投影,你会害怕吗?"

听觉明法师这样一说,我不禁汗毛直竖。

觉明:"物体在阳光下有投影,正如一个问题有不同意见一样,这才真实。如果真实被认为是恶,那么,那个称真实为恶的群体才是真实的恶。"

我:"那'除断已生之恶'的恶,不应该是我们现在讨论的这个恶吧?"

觉明:"对的,你的思维非常清醒和正确。我们说除断已生之恶的恶,指的是做损人利己的事、损人不利己的事,还有谋害他人性命的事。当这个害人的恶的念头已经生起时,要有勇气让它彻底断除,将恶的念头杀死在萌芽状态。恶一旦从念头演变成行动,对他人及社会就会造成不可估量的危害。所以,斩草要铲根。"

我:"您能讲一个我比较容易接受的例子吗?"

觉明:"传说在波罗奈国一个古代帝王养鹿的地方,有一个善鹿王,带领着五百只一群的鹿。附近有一个恶鹿王,也带领着五百只一群的鹿。有一天,波罗奈国的国王带着随从到山里打猎,把这两群鹿围了起来,准备一网打尽。为了保护这一千只鹿不受一时之害,善鹿王和恶鹿王商量,然后向国王请愿:如果这一千只鹿在一天里被国王打死,鹿将绝迹,以后国王就再也吃不到鹿肉了。我们建议每天供国王一只鹿,这样国王就能经常吃到新鲜的鹿肉,而鹿又不会绝迹。这样,不是两全其美吗?国王觉得言之有理,就同意了。此后,今天是善鹿王供一只鹿,明天是恶鹿王供一只。过了一段时间后,恶鹿王这边轮到了一只怀有小鹿的母鹿要进贡。为了保护小鹿能顺利生下来,母鹿就同恶鹿王商量,能不能让别的鹿先去,等肚子里的小鹿生下来它再去进贡。恶鹿王火冒三丈,恶狠狠地说,你不想死谁想死啊?母鹿无奈之下想到了善鹿王。善鹿王得知情况后,想了想,叫谁去都不合适,最后它就代替母鹿亲自进贡。国王一听说善鹿王亲自进贡,以为是鹿全部被吃完了呢。于是,就前来见善鹿王。当国王听善鹿王说明原委后,受到很大触动,当即被眼前这头舍己救鹿的鹿王深深地感动了。于是,对善鹿王说:你是鹿头人,我是业障深,我从今日后不食众生肉。"

我:"善鹿王为了断除国王的已生之恶,不惜冒着牺牲自己性命的危险去感化国王,想必只有这种勇气和精神,才能挽救恶人之心吧?"

觉明:"表面上看,善鹿王救了国王。实际上,在那只母鹿的带领下,恶鹿王群里的其他鹿也都离开了恶鹿王。善如大海,能汇聚小溪。恶似毒刺,谁见谁躲啊。恶鹿王不顾母鹿的哀求,其他鹿当然都看在眼里。不疼爱下属的领导,谁又愿意紧跟不舍呢?"

如何能使未生之恶不生

我："恶是一直存在我们的内心吗？"

觉明："是的，它和善一样，始终与我们如影随形。"

我："那么，恶有小恶大恶之分吗？"

觉明："当然有。小恶之小，是源于恶性轻；大恶之大，是源于恶性重。"

我："生活中我们能找到贴切的例子吗？"

觉明："蚊子叮你一口，为轻微之毒素，称之小恶；毒蛇咬你一口，可能会要你的命，称为大恶。"

我："据说在狼群中，统帅狼群的是母狼。更让人不能理解的是，狼崽是狼群共有的，狼群都视为己出。"

觉明："确实是这样的。据科学考察，狼群里呈现阳衰阴盛现象，别看那雌性的狼在哺育它的狼崽时温情可人，但在冲锋猎捕目标时却凶悍无比，冲锋在前，血腥搏杀。这就是拥有山大王霸主头衔的动物性本能。相反，雄性的狼在雌性面前就不那么凶悍了——内心的那份恶就无法得以发挥。通过雄性狼处于衰败的现象来看，是否可以得出这样一个结论：如果外在的力量能对欲望加以施压的话，那么，本能里的恶就能得到一定程度的控制？"

我："这个倒蛮有意思的。其实，这个理论运用到人身上的话，我觉得也是可能的。"

觉明："人性中的恶，如同善一样，始终蛰伏在灵魂深处。外界的刺激物是健康积极的，那么善就能得到很大程度的发挥；如果刺激物是消极的违背社会良序的，那么恶就会被激发出来。所以，正面教育和积极引导至关重要。"

我："可不可以这样理解，当有一种小恶出现之后，很有可能会出现大恶。如果能遏制小恶，就能避免大恶的发生？"

觉明："动物性的特征之一，就是欲望的扩展性。当然，人性的感化是另一种引导。"

我："您这样一提醒，我倒是想起曾经在医院工作时的一件事。一个秋末冬初的黄昏，下班后我走到门诊楼前，有一位操着沭阳口音的小伙子向我打听附近有没有比较便宜的旅馆，由于当时我赶着去食堂排队买饭，所以不假思索地摇了摇头。晚饭后，我去办公室看书。走到输液室门前时，见下班时向我问话的那个小伙子正和一位年龄有50上下且挂着拐杖的妇女在说着什么。说不清当时是出于什么样的心情，我与他们搭起了话，原来小伙子是带着他的母亲从老家沭阳县来医院看腿的，由于身上带的钱不多，加之晚上天气又比较冷，正为住宿的事而一筹莫展。看着小伙子的母亲拄着拐杖吃力的样子，我答应他们母子在我的宿舍暂住一宿。"

觉明："那后来呢？"

我："一个月后，我报名参军，离开了医院。在新兵连我收到了医院转来的一封来自山东枣庄某煤矿的挂号信。见信后才知是我在医院工作时曾经相遇过的那个小伙子写来的。小伙子姓陈，信的开头内容让我有些惊诧而不能平静，我简直不敢相信那个看上去憨厚且孝敬的小伙子曾有不良的偷拿习惯；信的结尾，他说当他靠自己的劳动拿到第一个月工资的时候，偷偷地躲在被窝里流泪，他深深地体会到只有经过汗水清洗过的钱才是干净的。有一年我探亲，我特意去看望了小陈。没想到他在六年当中通过函授拿到中专和大专文凭，而且还被提为矿组小组长了。他动情地对我说，是我那次为他和母亲提供了住宿深深地感动了他。从小陈家出来，已是午后1点多钟，正是太阳散发着最强热能的时候。看着或远或近的屋檐上的积雪正在阳光的爱抚下慢慢地融化，我内心深处的情感胶片也在那特定的天气征候下慢慢地感光——原来人也和这大自然一样，只要有融化和凝固的条件，都是可以改变的。"

如何能使未生之善能生

觉明："善犹如幼儿的笑,只要辅以恰当的引导,就能得到充分的展露。"

我："那幼儿第一次与其他孩子抢玩具,是不是源于占有欲?"

觉明："占有欲是恶的根源。获得就会露出笑容,失去就会大吵大闹,这就是人性的占有欲的直接表现。"

我："那如何培养一个人的善并能枝叶繁茂呢?"

觉明："家长既是孩子的启蒙老师,也是孩子健康成长的生活导师。有什么样观念的家长,就会塑造出什么样的孩子。"

我："可孩子总是要离开父母的啊。那孩子走进学校、走上社会之后,父母又如何去教育引导孩子呢?"

觉明："高楼大厦始于基石,参天大树源于根深。如果说一个孩子在家在外表现不一样,说明父母的教育要么是被孩子排斥,要么就是孩子迫于压力不敢反抗。离开家之后,失去了父母的束缚,孩子的天性便融入广阔的世界里。"

我："善对于一个孩子来说,或者说对一个成年人来说,它隐藏在哪里呢?"

觉明："它与一个人的精神取向或者说价值观融为一体。一个健康明事理的孩子,不管父母在不在跟前,总是能把握好自己的待人接物。一个心性正知正见的成年人,不管在什么样的环境下,都能以清醒的态度面对各种欲望的诱惑。相反,一个从小就学会投机取巧的孩子,他会见缝插针地为获得某种利益而胆大妄为。一个妄念成性的成年人,他会不失时机地利用可以利用的条件,为自己牟利而不择手段。当恶浮上心头时,善就远离了他们。同样,当一个人的善主宰着他的思想时,恶就不会有抬头的机会。"

我："那如何来启发人性向善呢?"

觉明："善,你可以理解为一种积极的动力。以前,我听过一个故事,这个故事很有启发意义。一位女士在演讲时这样说:我的生母是个聋子,因此,她没办法说话。自然,我不知道自己的父亲是谁,也不知道他是否还在人间。我的第一份工作是到棉花田里摘棉花。如果情况不如意,我总可以想办法来改变。我知道,一个人的未来会怎样,不是因为生下来的状况。一个人如果想改变眼前的不幸或无法尽人意的情况,只要回答自己一个简单的问题:我希望自己变成什么样?然后,自己全身心地投入,朝着自己希望的那个方向努力。女士说到这里,最后提高了声调,我的名字叫阿济·泰勒·摩尔顿,今天我在这里演讲,是以美国财政部长的身份站在这里。台下瞬间响起雷鸣般的掌声……"

我:"一个人,不在于他的出身,而在于他后天的努力。"

觉明:"人性深处,有善有恶,想激发善的一面,就要以积极的、健康的、向上的力量来引导它。当一个人以善的力量贡献社会时,那么,这个社会在这个人的心里就是阳光的、温暖的。"

如何使已生之善能更增长

我:"用国家的善的意识形态和社会的良好风气可以使人心生善的根性。那么,如何能使那些善的行为越来越多并继续保持呢?"

觉明:"一个国家如果有发展的理想,它必定有长远的战略目光,在主权不受外侵的前提下,努力发展社会经济,提高人民的精神文化和物质生活的水平。同时,也会理智地看待与其他国家的矛盾关系。如果为了自己的利益动不动就耍枪弄棒,无疑是个不成熟的孩子。"

我:"我能听得出来,您讲的这个例子其实就是象征着一个人如何要考虑长远发展的道理。换句话说,一个人能保持内心的善并使其更能增长,是不是要依靠树立远大的理想?"

觉明:"一个人要想获得幸福,他必须要做些自己喜欢的事。即使没有自己喜欢的事,那么他也不能闲着。没有哪个人的幸福是靠无事闲出来的。现实生活中,很多人都要工作,也有很多人做着自己不喜欢的事,但为了生活还必须得去做。如果工作量不是太大,生活负担又不是太重,那么,即使是做着自己不太喜欢的工作,也不会造成痛苦的感觉。再者,幸福很多时候是与别人比较出来的。人们所以工作,除了生活需要外,还可以减少无聊的时光。对于这类看上去热衷于工作却又没有理想的人来说,工作本身对他而言是没有幸福感的。如果能给工作创造幸福,就能无限地发挥他本质善的增长。"

我:"那如何能将工作改变为幸福并能让人增长善的根性呢?"

觉明:"创新,可以激发一个人对工作的热情和专注。当人们对某个人改变现状而发出赞叹和鼓掌时,幸福感就会从那赞叹和掌声中愉悦地流淌出来。创新源于热爱,热爱来自别出心裁。独具匠心是人的本性,也是引起别人注意的一个闪光点。可以这样讲,得到别人的赞叹和掌声,是人本具的心理。只要我们不吝惜自己的赞叹和鼓励,就一定能收获赞叹和鼓励的结果。"

我:"可不可以这样来理解,善源于赞叹和鼓励。"

觉明："当然可以。赞叹,对别人来说是一种收获,而鼓励则是一种动力。善就是在这种前引后推中得以传播。就像一个高明的外科医生,当他接收一个需要手术的病人时,通常会拿出两个手术方案,然后与病人家属商量,最终决定一个既有利于病人的康复又有利于家属的经济状况的方案。对于这种意见的合拍,也无形中给医生的手术增加了善的感觉。相反,如果病人家属的要求超过了医生接受的条件,那么医生在为病人手术前难免会生出不畅的心情来。"

　　我："是不是说,善有时候也呈现出局限,尤其当人们对善出现误解的时候。"

　　觉明："善和理想一样,它是一种精神上的光芒。当你极力培植一个闪耀着光芒的理想时,你内心的善也就随着你的理想而一起光芒世界。"

　　我："从一个方面过渡到另一个方面,这应该是人性的内化状态吧。"

　　觉明："内化的先决条件是出于对某种观念的认同和向往。当我们对某种价值观在心里生起信任时,这种判断力同时伴随着人生价值的意义而出现,且这种判断力的产生对人的生活和情绪影响都是极大的。人性深处的那个微妙的灵光一旦内化,他的目标就会在生活中形成原则并进行定格。这里不可忽视的是,内化之前被引导的力量必须是正义的、善的、积极的、鼓励的、健康的。比如,有一个男孩为了得到母亲手里的那个红苹果,便对自己的弟弟表现出非常慷慨和友好,那么将来,他一定会在这种潜移默化的过程中做一个慷慨的人。可能男孩最初并不知道慷慨是一种美德,但他一定知道自己给予别人的同时,会得到自己的需要。当然,恶的内化是另一个极端。违背人性的内化,热爱生活的人们会摒弃。"

如何看待父母和子女

我:"父母和子女能不能成为朋友?"

觉明:"父母和子女,既是血脉基因的延续,也是理想和愿望的寄托。从理论上讲,一切皆有可能,父母可能和子女成为好朋友。特别是小孩子,父母以朋友的身份引导其成长,会自信和祥和很多。"

我:"理想和现实之间的距离到底有多远呢?"

觉明:"理想是想法,现实是事实。很多时候,计划往往赶不上变化,以至于最后期望成空,恩爱成仇,父子反目,亲痛仇快。"

我:"为什么有的父母和孩子相处得非常融洽,而有的却像仇人似的?"

觉明:"父母和子女的关系,微妙难思。当父母与孩子彼此能量场相通,于是因缘成熟,互为至亲。去除成长环境相同,彼此还传递改变。譬如父子之间,本来就会有某些神秘的联系。"

我:"能请您说得详细点吗?"

觉明:"比如,性格某方面的极其相似,或眉眼口鼻某器官很像,再或者学业、交友、情感、择偶等方面的选择遭遇相似。"

我:"按理说,同样的性格更容易做朋友啊。"

觉明:"但你要知道,往往是同性相斥,注定近亲更难以相处。"

我:"如何通过观察来强调这个观点呢?"

觉明:"可以从下面几点观察:一、父母子女间的时代差距。生活的时代不同、观念不同、社会环境不同,信息量接受度不同,如果没有好好地经营,更多的是失望和仇怨。二、父母对子女的管束压制。数千年的封建习俗,导致国人在对待子女问题上,盲目自大,视孩子为个人私有品,将自己当年的遗憾强加在孩子身上,或以自己的要求束缚孩子。三、父母对孩子成长学习规划偏执。过去是养儿防老,后来成了养儿争气。很多父母想尽办法给孩子补课,报各种补习班,想子女考高分,仅仅是满足自己的虚荣,甚至连最基础的沟通都不够。四、父母与孩子精神隔膜深旷。很多父母给孩子上最好的学校,买名牌衣服玩具,也带孩子旅游交友,但很少与孩子有深达灵魂的深层沟通。"

我:"您这些观察,都是从经验中得来的吗?"

觉明:"我曾接待过多位对孩子失望而痛苦的来访者,有名牌大学毕业工作后自杀的,有私立贵族学校想自杀的,有送到海外留学归来抑郁的,有干涉婚恋神经错乱的……问这些父母,都说孩子一直好好的,不知道什么原因孩子会痛苦想不开。再问他们多久有一次深层的沟通,回答基本上不及格。"

我:"您觉得当下的教育有拔苗助长的现象吗?"

觉明:"小孩子的人生观、价值观还没树立,父母给予正确的引导是对的,但不能拔苗助长,也不能越俎代庖。站在父母的角度,怎么能平等地看到孩子的视角?只有蹲下来,站在孩子的高度,以孩子的视角,才会发现自己眼中的小树小钱小事,可能在孩子眼里是大树巨款大事。对待孩子,不要总以为自己掌握真理,很多时候,掌控和权势,并不代表全部正确。"

我:"那面对子女应该以怎样的思维呢?"

觉明:"面对子女,心中思维:是把他看做一个独立完整的生命个体,还是自己的附属品;是希望他健康快乐地成长,还是按照自己的要求变成自己想要的样子;是以爱的名义强加给他们的种种要求,还是以真爱和道德绑架。上善若水,厚德载物。只有把自己放低,才能够看到别人的亮点。与其复制(定制)一个自己的翻版,不如培养一个身心健康,能够传承发扬慈善包容等美德的好人。"

我:"我想到了一位作者鹏鹏写的一个关于母爱无言的故事。说有一个儿子即将远行,母亲送他到车站。在车站时,由于旅客太多,儿子旅行包的拎带突然被挤断了。眼看就要到发车时间,母亲急忙之下,从身上解下自己的裤腰带,把儿子的旅行包扎好。儿子问母亲怎么回家,母亲说不要紧,慢慢走。很多年后,儿子一直把母亲的那根裤腰带放在身边,母亲为他的默默付出,激励他干出了一番事业。看到这个故事,我就想,父母对于子女,不是过多地要求,而是默默地祝福和帮助;不是过高的标准,而是用生活中的爱去暖暖地融化……父母与生俱来地爱自己的孩子,这点毫无疑问,但对爱的理解却人各有别。太有钱的和太贫困的父母对孩子的爱的表达方式多数不一样。作为条件一般化的父母,对孩子未来成长的预期目标也不尽相同,不过也只是形式不同而已。父母与父母之间多有比较心,就像孩子与孩子之间总会有暗暗较劲心一样。通常情况下,父母总以自己的标准去要求孩子,而往往忽视孩子自己的理想。父母总以责问式的口吻指责成绩一般的孩子:'你为什么就不能给我争口气呢?'显然,爱的实质被爱的形式暴露无遗。当孩子身体健康时,父母的重心在孩子的成绩上,一旦孩子生病了,重心会发生转移。显然,爱的关注点不能始终如一。'我都是为你好!'成为父母剥夺孩子自由选择的冠冕堂皇的借口。古人说:'见人有德,应当赞美;知人有过,应当善隐。'对孩子出现不利健康的表现时,作为父母的我们应当学学电影《误杀》里的那位父亲。"

觉明:"有人问我,孩子沉迷于游戏,屡教不改,很烦躁、担心,但又不知该怎么应对。我跟他说,孩子是正在成长中的个体,很容易受到环境的左右,所以孟母三迁。正如这次新冠肺炎疫情让大家有更多时间相处了解,势必发现更多问题。比如彼此的陋习、不好的生活习惯、懒散消极的人生态度等。而被大多数家长视为私有物品的孩子,更容易被发现各种缺点。小孩尚没有树立坚定的人格和意志,容易受环境影响,疫情停课,缺乏学校强制性的管理,更易出现懒惰懈怠、不爱卫生、不运动、不学习等问题。不要说孩子,作为家长也要反思一下,大概也有诸多问题吧。但疫情总归会过去,生活还需要回归正常。"

我:"是不是家长先做好自己,那样才有资本去教育引导孩子,是这样吗?"

觉明:"只有大人做好榜样,先把自己立于不败之地,再去教育孩子,孩子才会生起信心,见贤思齐嘛,无话可说地学习进步。近日看了一部电影《误杀》。聪明的父亲发现虽然能够逃避法律责任,但却逃不过孩子的眼睛,孩子有样学样,也开始作假。于是,父亲以身作则,主动去自首,以此来教育孩子。天生我材必有用。如果你连自己都无法做自己的主人,又如何试图去改变孩子呢?为人父母,要放下身段,平等理智地与孩子交往,通过亲情沟通,站在孩子的角度,理解他、支持他、鼓励他。只有这样,孩子才会愿意为你敞开心扉,你才能走进他的世界里。"

我:"作为父母,除此之外,还要做哪些努力呢?"

觉明:"要时刻反思自己,把孩子养这么大,吃了多少苦,受了多少罪,假如现在不改变自己,适应他,教导他,则前期付出岂不归零?没有哪个父母不爱自己的孩子,但很多人表现得过于急躁暴力,甚至嫌弃。殊不知,这样做只会令孩子紧张不满,加剧彼此的距离。要理解每个人都具有独特的个性,孩子未必会按照自己的设计和思路走。己所不欲勿施于人,己所欲勿强加于人。处于成长期的孩子,人格还没有健全,人生观价值观还没有定位。那么,作为父母可以劝告、引导、影响,但最终做决定的、接受现实的,还是其本人,孩子如是,我们也如是。有时候,还要站高一点,看远一点:我们的教育目的到底是什么?是把孩子改造成什么样,还是希望他健康快乐平安地生活。有了这个前提,就能结合具体情况,设计出自己的方法,通过 A 方案、B 方案、C 方案、紧急预案等,找出解决问题的办法。得失不是一定要考上北大、清华,成败不是能买房买车,苦乐不是找到高富帅、白富美。身心健康、平安喜乐、诚信善良、正直担当才能活出生命的意义来。"

我:"我曾看过一个故事,是说三条鱼的,但具体细节我想不起来了。"

觉明:"第一条是海洋深处的大马哈鱼。母马哈鱼产完卵后,就守在一边,孵化出来的小鱼还不能觅食,只能靠吃母亲的肉长大。母马哈鱼忍着剧痛,任凭撕咬。小鱼长大了,母鱼却只剩下一堆骸骨。这无声地诠释了这个世界上最伟大的母爱。第二条是微山湖的乌鳢,据说此鱼产子后便双目失明,无法觅食而只能忍饥挨饿,孵化出来的千百条小鱼天生灵性,不忍母亲饿死,便一条一条地主动游到母鱼的嘴里供母鱼充饥。母鱼活过来了,子女的存活量却不到总数的十分之一,它们大多为了母亲献出了自己年幼的生命。第三条是鲑鱼。每年产卵季节,鲑鱼都要千方百计地从海洋洄游到位于陆地上的出生地——那条陆地上的河流。央视《动物世界》曾经播放了鲑鱼的回家之路,极其惨烈和悲壮。回家的路上,它们要飞跃大瀑布,瀑布旁边还守着成群的灰熊,不能跃过大瀑布的鱼多半进入了灰熊的肚中;跃过大瀑布的鱼已经筋疲力尽,却还得面对数以万计的鱼雕的猎食。只有不多的幸运者才可以躲过追捕。耗尽所有的能量和储备的脂肪后,鲑鱼游回了自己的出生地,完成它们生命中最重要的事情。谈恋爱,结婚产卵,最后安详地死在自己的出生地。来年的春天,新的鲑鱼破卵而出,沿河而下,开始了上一辈艰难的生命之旅。常常想,在这个世上至少还有三条鱼让我们感动。一条是父母,给了我们生命,目送着我们走向远方,无怨无悔地付出直到无所付出。一条是子女,从呱呱坠地的那一天就与我们结下了血脉之缘,从此无比信任相伴到老。一条是故乡,无论飘得多高,终有一天我们还是要踏上这条回家的路。我们都是一群孤独的鱼,不小心游到了这个世界上,从此被这个世界收留,成为今生今世三条鱼最大的牵挂。"

我:"父母对于孩子,其情其诚,其职其责,真是无法说清楚的。"

觉明:"说到底,父母对于孩子,更多的是通过外在的形式来表达他们内心深层的爱。很多时候,父母对孩子的学习、成长和进步的要求,也并不是他们通过孩子来实现自己的虚荣心,而更多的是一种难言的责任和为人父母与生俱来的那种至爱的情结。"

如何看待烦恼

我:"凡事从我出发,以自己的观点来审视外在的一切。有问题吗?"

觉明:"你要知道,改变世界来适应自己,对大部分人来说,是遥远而不切实际的。所以,要改变自己的审视方向。仅仅改变自己去适应环境,是随波逐流,最终容易迷失自己。"

我:"那到底如何来审视问题呢?"

觉明:"我们既要积极努力地参加社会竞争,又不要被社会的繁华虚幻迷惑。要做到既不贪恋迷执花花草草、荣辱得失,但也不完全排斥和拒绝。"

我:"那我们如何来扮演自己的社会角色呢?"

觉明:"思想和行为,说法和做法,总是存在着差别的。这是事物千差万别的虚幻本质,也是人我存在必然的现象。在精神思维、言行动作之间,刹那间也会存在着千差万别。所以,事物呈现出千差万别的具体相状,但其本质却是一样的。认识到这些差别,就能够平等地面对和衡量事物。对自己对别人,对亲人对冤家,就事论事,不含个人情见,就理论理,不偏不倚。生活中,我们会遇到很多事、很多人,有好的有坏的事,有伤害自己的冤家债主,也有成就自己的贵人。"

我:"如何面对那些伤害自己的人呢?"

觉明:"以什么样的心态去面对和消解,是种善恶业的标准。当自己面对恶心恶行(善心恶行)伤害自己的人,当如何调服自己的烦恼?觉悟和烦恼,是对立的一面,犹如水火,势不两立。所以,我们常说要'无边烦恼誓愿断'。世间之人,都喜欢站在道德的制高点,指责别人,或者用道德、责任、义务来捆绑对方,以爱的名义,扼杀对方。在施与者眼里,是帮助别人,利益别人,成就别人,是行善积德、功德盖天的大好事。但在受施者眼里未必如此。世间万物,随顺因缘法则,生死流转,是为自然生灭。很多宗教、哲学、思想家不断思考探讨,提出种种理论。顺行生命是生物自然属性,是一切物种的基本功能。逆行是对生命的思考,是人类有别于万物的更高的精神形态。烦恼犹如水之变换形态。水是本形,遇冷成冰,相状固体,坚硬易碎,犹如我们顺流生死,烦恼痛苦。水遇热成汽,形态液体,变幻无穷,不可捉摸,犹如逆流生死。只有以'离妄想'(离妄想方法很多,一心一意地工作、学习、生活、游戏,都可以达到轻安或初禅状态)激发自性中的智慧,通过这种方法来开发智慧,才能断除烦恼。"

我:"每个人烦恼的轻重程度跟什么有关系呢?"

觉明:"权力越大,烦恼越多;名气越大,烦恼越多;金钱越多,名气越大。相反,亦然。"

我:"贪恋和愚昧,对烦恼有影响吗?"

觉明:"如果大家都行善,或者都行恶,世界会怎么样?为何一直没有出现那种极端世界呢?这里,我给你讲个故事吧。有个富翁有处大宅,年久失修有点破落。一天看到孩子们进去玩游戏,可是房子着火啦,不断地燃烧垮塌,眼见就要烧着孩子们了。不论大富翁如何劝告,孩子们只顾游戏,不听劝说。富翁急了,知道孩子们都喜欢车子,就高声说:我买来了好多羊车、鹿车、牛车,都在门外放着呢,谁要赶紧来拿啊。孩子们听了,纷纷冲出火宅,求取车子。富翁给每个孩子都送了牛车。那些心生烦恼的人犹如贪玩的小孩,不知生死无常。在充满欲望的世界里,善知识对那些利欲熏心的人来说不是利益,往往没有那些'羊车、鹿车、牛车'那么引人注意。所以,尽管有善知识提醒,他们仍然不肯悔改。没有觉悟的人,只会贪婪不舍,只会考虑自己,从我出发,增长我执烦恼,面对外在的邪魔歪道,勾引诱惑,愚不知避。所以古人说瓜田李下需避嫌,路果不食需有智。没有一定的内涵心量,德不配位,得到了未必是好事,失去了未必就不好。"

第四次对话

人性中的"恶"与"善"
幸福和痛苦的源头
有序社会和无序社会
人性深处的那点光芒
真谛和俗谛

人性中的"恶"与"善"

我:"如果从社会生活的意义上来看,如何分别恶与善呢?"

觉明:"人性中的恶,有时是出于正义而表现出的嗔怒,就被那些反对的人冠以为恶。而善,有时是出于虚伪,被利益获得者认为是善。"

我:"那正义者的行为和虚伪者的行为有明显的区别吗?"

觉明:"正义者的行为,往往会被虚伪者捣毁和憎恨,并以莫须有的罪名,将恶的名义和枷锁硬生生地套在正义者的身上。虚伪者的行为,往往为了得到利益而不择手段,表现得与人为善,处处为别人着想,甚至还会以关心弱者的名义获得慈善家的虚假头衔。"

我:"人性中的恶与善,它们的方向是怎样的呢?"

觉明:"人性中的恶,应该是背离正义、良序和道德。善,应该是正义的化身,始终向着道德的方向。"

我:"为什么有的人会辨不清恶呢?"

觉明:"生活中始终会有很多愚昧的人,被恶者一时的假象所蒙蔽,还到处以恶者的假象作为自己或教育孩子的座右铭。当有人对愚昧者当头一棒提醒时,反而会被愚昧者视为无救的可怜者加以同情。"

我:"在我很小的时候,一个邻居二婶和她的老公吵架,一时气不过,就将院子里除草的农药喝了一瓶,家人赶紧将她送到医院进行洗肠。等到晚上,那个喝农药的二婶好像没事人一样,在自家的院子里大喊,说她迟早是要死给家人看的。晚饭后,我听母亲跟邻居张大娘聊天,说后村的谁谁谁上半年只喝了半瓶农药,当时就抬到医院洗肠也没用呢,人死了。张大娘说,她二婶喝了一瓶怎么跟没事人一样的呢?第二年的春天,我听生产队长说,上一年买的农药是假药。那个制假药的厂被查到了,厂长都被抓起来了。生产队里有人说,幸亏那是假农药,要不然还不知喝死多少人呢。我想问问觉明法师,那个农药厂厂长到底是做了好事还是做了坏事呢?"

觉明："看一个人是做好事还是做坏事,不是看结果,而是看他的发心,即他的目的是什么。像那个制假药的农药厂厂长,他的出发点是卖假药骗取农民的钱,显然是做坏事。虽然假农药无意中救了一个人,那不是制假药厂厂长的本意。你想象一下,农民种粮是依靠季节,如果那一年的草没有被农药打死,结果让粮食减产缩收,那损失是不是应该由制假药的药厂来赔呢?凡事一码归一码,不能混淆是非,不能将假药无意中救了人而将制假药的人认为是一个好人。"

恶与善,人性中左右钟摆的状态,它们没有绝对的固定表达,也没有停止不动的时刻。它们时刻陪伴着人们的生活,只要人心转弯,它们的角色就会发生交替登场的变化。当善良登场时,就会呈现出美好生活的幸福感;当邪恶登场时,就让人随之感受到生活乱象的秩序。会思考的人们,应该在辨清恶与善的前提下,取善弃恶,快乐轻松地工作和生活。

想到我的一位女同学,她因过失杀了人,正在苏州一所监狱里服刑。苏州也有一位朋友,且离上海不远,我想利用双休日去一趟苏州。

这年 5 月,苏州热得有点早。朋友住在临顿路附近。白天,我们闲逛了几处园林,感到又热又累;晚上,我独自到河边散散心。走过解放桥,有一面高大的围墙立即闯进我的视线。听过路人说,那是江苏省第三监狱。墙很高很长,在路灯光线的折射下,呈现出阴冷的色调,虽然走近它还能感觉到白天里热气散发出的余温。我的那一位女同学,十年前因为犯过失罪致使人死亡至今还在这所监狱里服刑。记得那位同学在校时,活泼开朗,学习认真,与同学相处也不错,我一直不知道她为什么要做出那样愚蠢的事情来。后来听说当时她打死的是一位只有 14 岁的初一学生。法律当然不会放过每一个罪犯,她从此走进了那个原本不该走进的地方,过着一种原本不该过的罪犯生活。或许,她早已清醒,在一个潮湿阴暗的角落里独自品尝自己酿的苦酒;或许,她早已忏悔,为自己失去自由而悔恨不已;或许,她早已习惯了那种生活,在监警的教育下,已成为一个表现出色的服刑人员;或许……这又能怨谁呢?

一阵凉爽的风从远处吹来,吹乱了我的头发,梳理了我的思绪。看着来往说笑的行人,我想起了那位已度过十年监狱生活的同学,心里有种说不出的滋味。不知她现在活得如何？但有一点可以肯定，她对丈夫的思念，对孩子的牵挂，将始终伴随着她艰难地度过每一天。人们常说，常恨人心不如水，等闲平地起波澜。其实，只要我们学法、知法、守法，工作和生活的阳光，就会在微笑中灿烂。自由，也就会像春天的桃花、秋天的桂树，毫不吝啬地赐予我们美丽和馨香。

　　回去的路上，我看到散步的人们，有的聊天，有的说笑，描绘出一种美好生活的协调与和谐。我想，生活原本都应该是这样，为何要人为设置那堵高高的大墙呢？也许，这就是人性与道德的分水岭吧。

　　善和恶，只在于你的思想与行为的协调中权衡。你想幸福和自由，就要从善如流，你想利用利益为自己获得享受或泄一时之愤，那么你就背负恶的骂名吧。

幸福和痛苦的源头

到了7月,空气已明显有了一阵阵热乎乎扑面的感觉了。走在家附近的跑道公园里,萱草花已盛开,杜鹃、朱顶红、三色堇、芍药、栀子花等,绿树相映,草色渐开,我荡漾在大自然的景色里。我准备再去国太寺,这已是第四次了。

有了前两次的交流,我的思维明显舒展开朗起来了。为了进一步证实我的思考,这次我向觉明法师提出了关于个体对幸福的体验。在我看来,一个幸福的人,多数是智慧的。如果一个愚笨的人也幸福,那么,他一定是个大智若愚的人。也许有人会说,愚笨的人,想法简单,没有比较心、不生烦恼心,没有理由不幸福啊。我想说的是,幸福不是傻笑和傻乐,它理应是内心的灵动与外界产生完全共鸣的、没有丝毫心累神烦的、完全符合适宜性情的美好状态。

(一)关于幸福

1. 幸福只是一种感受

我:"您对幸福是怎样的观念呢?"

觉明:"亚里士多德把幸福归类为三个方面:一是来自外界的幸福,二是来自心里的幸福,三是来自肉体的幸福。叔本华将幸福也归类为三个方面:一是什么是人,认为人就是人格,包括健康与精力、美与才性、道德与品性、智慧与教育等。二是人有些什么,认为人有财富和可能占有的事物。三是如何面对他人对自己的评价,认为别人如何来看你,或者说他人对你的观感如何。我也把幸福归类为三个方面:一是对理想的设计,二是为实现理想的努力,三是实现理想的体验。"

我:"您是说,幸福只存在于理想的内容?"

觉明:"这要看我们对理想的理解。我把生活和工作以及教育等方面所希望达到的目标都称为理想。比如说,农民春天种玉米,希望夏天丰收;夏天种山芋,秋天收获。这就是农民的理想之一。"

我:"那您对幸福的体验又是怎样来理解的呢?"

觉明:"幸福本身是有一个漫长和等待的过程,正如第一代绿皮火车一样,因为行驶速度慢,所以,从上海到北京要走很长时间。当然,如果是春花烂漫的季节,坐在窗口可以慢慢地欣赏田野里大自然的美。"

我:"有一天,我的一位同事看我开怀大笑,高傲地对我说,你还在还房贷呢,怎么还笑得出来?我一时无语,不知如何回答他。"

觉明:"笑傲生活,生活才会如花绽放。房子还贷款,不是一年两年的事,如果因为生活中有还贷款就对生活失去热情,生活里哪还有幸福可言呢?再说,能买房子改善生活本身就是一种幸福啊。你的那个同事将幸福整体化了。"

我:"我没明白您的意思,幸福整体化是什么意思呢?"

觉明:"幸福在生活中呈现的内容多是单一的,它不是生活方方面面的集中体现。有可能在这方面感到幸福,但在另一方面却不满意,所谓院内笑声泪如花,室外疮痍无路行。人生哪里能样样都如意呢?同样,幸福像笑一样只是一会儿的事,不具备连续性。这是其一。其二,幸福与感受幸福的人的品格也没有直接的关系。"

我:"这点我没明白,什么叫幸福与感受幸福的人的品格没有关系?"

觉明:"我想表达的是,一个善良的人可以感受幸福,一个恶毒的人也同样可以感受幸福。所以说,幸福与一个人的品格没有关系。"

我:"能请您具体说说吗?"

觉明:"善良的人,通过自己的付出,在收获成果时能感受幸福的滋味。同样,恶毒的人,也能通过自己的劳动(劳动性质有善恶之别。对于恶毒之人来说,通过不正当的手段获得别人的利益),同样也能感受成果带来的喜悦,他们在庆祝自己得手的时候所表现出来的人性里的快乐都是一样的。所以说,快乐和幸福,只是一种感受,而不具备品格的属性。"

我:"我能不能来这样理解,善良的人的幸福可以久一些,而恶毒的人的幸福可能比较短暂一些?"

觉明:"从人性对幸福的体验与心理承受的负担来权衡的话确是有关系的。一个心灵干净的人,在他享受幸福时心里是坦然的、敞亮的,而一个心灵肮脏的人,在他通过不正当的手段牟取利益时在暗处感受幸福时仍不免有些担心,毕竟他们做的是见不得光的事。"

我:"那您前面讲的幸福与人的品格无关又怎样来理解呢?"

觉明:"幸福是一种体验的状态,这种体验具有比较的属性。比方说,一个小偷在得手之前与得手之后的心情完全是不同的。当然,我这里强调的是一种存在的状态,而不是程度上有无差别。"

2. 幸福不是获得成功,而是体验走向成功的过程

我:"一个人,如果失去了内心的秩序,他可能会坐卧不安,轻者激怒于人,重者危及社会的安全。一个社会,如果失去了秩序,可能有两种结果,一种是给投机者提供了所有可能的机会,另一种是给正义者创造新秩序的良机。如果世界失去了秩序,人类将远离文明,甚至无法保证生命的安全。您是如何理解这个问题的呢?"

觉明:"我以为,人有常态秩序,有失态秩序,也有可控秩序。常态秩序下,人会做些合理的事务,懂得感情,在意穿着,尊重知识,正常交往;失态秩序下,人会轻易动怒,极度敏感,行为失常,执念不改;可控秩序下,敬畏法律,遵规守矩,令行禁止,松紧有度。"

我:"秩序之外无事物。秩序在人性中的表现,通常以结果来证实其性质。换句话说,你可以通过生活中的获得或失去,来检验自己的内心秩序是处于怎样的状态。适时地调整内心秩序,以改善自己的精神和生活面貌。我这样理解有问题吗?"

觉明:"每个人都希望自己过幸福的生活,我们是否想过内心的秩序是否符合幸福的秩序呢? 同样,我们都不希望自己遇到麻烦事、倒霉事,那么,我们有没有反思过自己当下的行为会不会给自己的将来带来不利的结果呢? 人,必须要认识自己。人是由身体和精神构成的。对于生命价值意义来说,精神既高贵又本质。所以,人的幸福只能在基于身体健康的前提下、在精神获得最适宜的状态中去寻求。而健康的身体和适宜的精神状态,一定是归于良好的、稳定的人性秩序之内。"

我:"一个内心有序的人,一定懂得不要跟夸夸其谈的人谈清风明月的诗情画意,不要跟一个习惯大手大脚花钱的人谈节俭是一种高尚的美德,不要跟一个说话就爱冲动的人谈激动容易伤害健康,不要跟一个以当官为职业的人谈如何早睡早起养生之道。我这样看待人与人之间的

交流关系,您觉得有道理吗?"

觉明:"秩序是一种规则。如果违背心理和生理事先设定的规则而行事,久而久之,人就会生病。一种是心理疾病,一种是生理疾病。维护心理秩序,就要明白生活中不要做一个跟风的人,不要做一个攀比的人,不要做一个不能理性看待自己的人。维护生理秩序,就要懂得不能图一时嘴巴过瘾乱吃乱喝,不能因为心情、责任或习惯所致长期失眠缺眠,不能让心情长期处于压抑状态或压力之中。"

我:"您是说,有秩序的人,就是能理性看待自己的人,生活中就会少了许多不必要的烦恼,心安神定地过每一天。不管在工作还是生活中,能做到不攀比、不显摆、不虚荣,就能清净身心,久而久之,自然精神清爽,延年益寿。是这样吗?"

觉明:"生活中,我们会遇到很多的事,有的发生在别人身上,有的发生在我们自己身上。面对可知或不可预测的人或事,我们应该怎么办呢? 我们有没有分析过人性秩序和感觉之间的内在关系? 我们有没有力所能及地通过对感觉的理解去思考它对人性秩序的影响,以提示我们自己做好心灵上的预防机制? 我们在司空见惯的生活中,能不能通过对人性秩序的分析来揭开我们健康和幸福的奥秘?"

我:"这些事,我都曾思考过,只是还没有形成有条理的归类。"

觉明:"首先,我们要明确一下思考人性秩序的基本观点:秩序的条件取决于意识形态,意识形态由三个方面构成,一是积极的、健康的、充满美好未来的精神引领,二是法律制度的完善和执行力。其次,要去除"平均"的概念。平均的属性违背了人性秩序的稳定和保障。平均的概念是"没有轻重或多少的分别",而个体是人性不可统一的概念,每个人有每个人的特点(相貌、高矮、知识、能力、贫富等),平均不属于人性家园里的成员。第三,秩序是善的知识,是美的元素,是凝聚力的体现。对于个人而言,有序的生活习惯和精神追求,能完成健康的自己;对于社会来说,有序的社会,能将社会发展效益最大化。而这些,都和幸福有着直接或间接的关系。"

我:"由生命组合的事物,都有它内在的秩序。秩序乱了,事物存在的状态也就变了。人性归于秩序,世界归于秩序,一切归于秩序。您是这个意思吧？"

觉明："充满欲望的心,时刻都有浮躁心、攀比心、得失心在生活中冒出头来,严重地干扰着心情和健康。只要'三心'存在,你就无法让自己清净下来,时间一久,要么心怀希望激情澎湃,要么失去信心心情抑郁。心灵需要一个疏通的缺口。所以,人性秩序应归于人本身,再及社会。"

我："普罗泰戈拉教导我们'人是万物的尺度'。一个人是否活得轻松自在、精神自由,别人是无法感同身受的,唯有体验者才有切身的感知。您觉得呢？"

觉明："感同身受,只存在同一时间和同一状态,它不能用于对过去时的补充。如同幸福一样,它不完全是获得成功的本身,而是体验走向成功的过程以及成功后短时间内的一种自我满足的感受。幸福处于回味状态时,其幸福的感受已打折。净心灵,修德性,理应是生命的最美的情怀。在所有的生命中,没哪个人认为心情浮躁是一种快乐,更没哪个人认为患得患失是一种幸福。国无战争,天无灾荒,社会安定,生活有序,心里踏实,无事干扰,身体健康,不是幸福是什么呢？"

3. 幸福是承受生活痛苦之后获得的阳光

我："在我的观念里,幸福应该是痛苦拧成的汁。生活给我们启示,生活富裕的人,尤其是生活在富裕家庭里的主妇们,她们一旦没有了生活的目标和方向,痛苦就会在心里蔓延开来。"

觉明："那你具体一点讲。"

我："我有一个朋友,她是中学教师。在培育桃李的岗位上一待就是三十年,职业疲劳让她失去了动力。整天按部就班,听着上下课的铃声走过夏季迎来冬日,面对怎么教成绩都上不去的学生,她给自己找了一个幸福的密码:对这样的学生,干脆就让他们玩吧。对于不怎么教都能学得好的学生,她同样给自己找了一个安慰的理由:对这样的学生,适当给他们几句鼓励的话就行。"

觉明："那结果如何呢？"

我："她的这套教学理论的结果是,成绩差的同学更差了,成绩稍好的同学有下滑的趋势。后来,这个朋友先是轻度抑郁症,再就是往深度发展。我问过一位当心理咨询师的朋友,他说那个教师朋友的抑郁症完全是安逸的生活让她失去了热情的动力。"

觉明:"生活对每个人都是公平的。生活就像一个细胞,如果你不让它劳动,它就会失去劳动的能力。当它某一天突然遭遇细菌侵袭时,其弱化的结构就会因乏力承受而导致被恶化或解体的可能。安逸的生活,就是弱化我们能力的细菌。"

我:"想到在农村,我的邻居李二爹,已经70岁的人了,整天还为了口粮面朝黄土背朝天地忙碌着,为了支持女儿负笈求学和儿子结婚的新房,忙得昼夜不分。有一次我回老家,看到他正用独轮车往田里送肥料,累得满头是汗。我问他:'二爹,您累吗?'他从肩上拿下毛巾,擦了擦脸说:'趁着身体还能动,就多做点呗。'我说一年又吃不了多少粮食,也不要太苦了自己。他说:'女儿在读大学,需要学费;儿子在部队,过两年回来要结婚,哪个不需要花钱啊?'想想也是,父母劳动的意义就是为孩子创造一切条件。我又问他什么时候能享福,二爹笑笑说:'农村人,不生病就是福啊。'"

觉明:"不管是农村人,还是城里人,不生病都是福呢。你的那个做教师的朋友,如果她整天忙忙碌碌,生活有节有奏,估计也不会患上抑郁症的。其实,还是有很多人对幸福的含义没有足够的认识。"

我:"那您到底是如何理解幸福的呢?"

觉明:"幸福应该是一种精神上的追求,而不是上天赐给你的一块大馅饼。"

我:"可不可以这样来理解,幸福的追求是精神上获得的一个过程,在获得过程中会有一种力量来激发身心?"

觉明:"人的大脑具有一种特质,就是当我们的内心被某种动力所激发时,心内和身外会有一股力量在发挥着潜在的功能。也就是说,当内心的力量在施展时,它很有可能舍弃外在的某个利益以获得追求理想的最大化。"

我用心地在聆听觉明法师的表述,大脑也在不停地思索着理想最大化与幸福之间的关系。

觉明:"随着人们生活水平的不断提高,仅仅温饱的生活已不再能激起人们的幸福体验和感受。人的特性告诉我们,当我们满足于生活的基本条件后,还会追求成功给人带来的荣誉感。比如你前面说的那个李二爹,为了儿女他宁愿起早贪黑不辞辛苦地劳动。可以这样讲,他的辛苦不仅仅是为了一年中的口粮,而是为了女儿读书和儿子结婚的新房。事实上,他的幸福指向已显而易见,就是等女儿大学毕业,儿子结婚成家。他的成功,就是完成抚育子女义务之后的荣誉感。"

我:"那您对成功和荣誉感以及幸福之间的关系,又是怎样理解的呢?"

觉明:"成功有广义和狭义之分。不同的人对成功的理解有各自的定义。大到国家安全的维护,小至一个家庭的建立。成功具有阶段性的属性,它不是一个恒定的值。当成功的概念被某个具体的人或一个集体认定时,成功的意义就存在了。从这点看,成功不具备普遍意义。所以,它也具有个体或特定集体的属性。荣誉感亦然。"

对于幸福,我好像又想到了另一层含义。

我:"成功与舍弃是不是有着直接的关系呢?"

觉明:"罗素说过,舍弃有两种:一种源于绝望,一种源于不可征服的希望。当人们为了实现某个目标而精进努力时,他必须舍弃实现目标过程中的一切障碍。譬如,某个人为了研究某个课题,他会竭尽全力专注于研究之中,而忽视了影响到他研究课题之外的所有事,包括他的个人爱好、给家人的时间,甚至是自己的健康,等等。从这个意义来讲,当他的课题研究取得成功时,他的幸福和荣誉也就随之而来。"

(二) 关于痛苦

1. 痛苦是联接着身心的刺激物

对于生命本身来说,痛苦的价值要远高于幸福。在我看来,只有通过痛苦的体验,人们才能真正地感受生命和世界的真实性。相比之下,幸福很多时候稍纵即逝。不过,在现实生活中,痛苦又和幸福一样,并不是生活的老主顾。生活里光顾最多的不是痛苦,也不是幸福,而是平淡。

我:"叔本华说,对于欲望,人们得到之前是痛苦,得到之后就无聊。您觉得有道理吗?"

觉明:"生命即欲望。当一个孩子离开母体时,首先想到的就是要吃奶。渐渐长大后,要玩具,继而想玩或学习,再而恋爱、工作、事业、荣誉、等等。每个阶段都是欲望的刺激。而每个阶段同时又伴随着失去带来的痛苦。叔本华将欲望狭隘于性方面,得不到痛苦,得到后无聊。一个人对于追求理想来说,在实现理想之前不太会痛苦,多是处于努力拼搏中包含着对理想的憧憬并随之幻想实现理想的喜悦,从而以此喜悦的心情不断地鼓励自己。"

对于觉明法师这样的解释,我倒是认同的。我想起自己在考学前的刻苦,那时吃的苦不是痛苦,只是生活上的艰苦。也恰恰是生活上的艰苦反而给了我极大的精神和意志,不断地激发我一定要考上学校。

我:"痛苦和辛苦、艰苦有区别吗?"

觉明:"当然有区别。痛苦,多指精神上受到的折磨而带来的心疼或痛心。辛苦和艰苦,多指工作和生活的本身。"

我:"那精神上的痛苦和身体上的痛苦有联系吗?"

觉明:"精神上的痛苦和身体上的痛苦最直接的联系,就是失恋和为自己的爱人吃醋的感受。以前有个女居士发生的故事,就能真切地说明这个问题。"

我:"我很愿意听听。"

觉明:"有一年,有个女居士因失恋的刺激,她决心出家。某个寺院住持考虑到那个女居士很可能是因为一时冲动之举,所以,让她留着头发暂时在寺院里过着僧人的生活。不久后,那个女居士就看上了一位长得很帅的男义工,她先是含蓄接近,接着就是直接表达。虽说那位男义工坚决拒绝,并表示不可能结婚。但女居士就是不改痴心,还表示出他去哪里她就跟到哪里,非他莫嫁。再后来,由于男义工坚守自己的底线,始终拒之千里之外,女居士深受打击,先是胃痛,再是胃穿孔,最后命丧黄泉。"

我:"对于'男女吃醋'一事,我确实见过的。以前有两个同事,女的和男的相互喜欢,女的大男的四五岁。女的有几分姿色,老公是老板,男的长得也帅气,喜欢画画。有一天下班后,我远远地看到他俩在撕扯着,女的声音还蛮大的,男的一直在说着什么,我没听清。后来,听其他同事说,那个男同事和另一个女同事在一起吃饭被她发现了,结果她醋意大发。不久后，我看到了那位女同事，脸色不好看，精神显然不如以往。在我离开那个单位时，听科长说，那个女的胃出了毛病，已经被切掉了一部分。您说的那个女居士也因为情感受挫出现胃病，看来，胃与心情是紧密相连的。"

2. 痛苦像阴雨的天气，来有影去有踪

觉明："万事万物的存在，都有其合理的存在意义。意义本身没有意义，意义在于人在以生命的形式感受生活的过程中给予人的心理和外界的体验感受。比方说痛苦，当我们把痛苦视为一个生命时，就会考虑它为何来到我们生活中。果有甜和苦，甜果是我们自己种的，苦果当然也是我们自己种的。谁都不会主动为自己种苦果，那为什么我们又常常收获苦果呢？苦果遮蔽了我们的视线，以隐秘的方式存在于我们的欲望里。当我们与别人攀比房子、车子、孩子而拼命地去赚钱时，常常忽视自己付出了健康的代价。直到因身体透支住进了医院，才意识到身体需要维护，也只是生病而已——很多人连自己到底为什么生病都不去反思，始终保持着愚昧无知。无知的力量在于，他们总以'人吃五谷，哪有不生病的'这样的话来掩盖拼命致病的原因。如是，这样的人才是天下最可悲的人。"

我："是不是说，如果我们对生病有了清醒的认识，那么再通过自身的维护，就能尽可能地少生病。可以这样理解吗？"

觉明："这点很简单，比方说有两台发动机，一台你让它一天到晚不停地运转，另一台你让它工作半天，休息半天。一个月后，你认为这两台发动机的寿命会有什么不同吗？"

我："我是机械修理师出身，对发动机的原理和维护是非常熟悉和了解的。对一直保持工作状态的发动机，它的寿命自然不如进行适当维护的发动机。"

觉明："一个人致病最主要的原因，要么对身体不能做到适时保养，要么就是很大程度上消耗身体的能量。当然，还有的工种是受到辐射。这些都是硬伤，可以通过平时提醒减轻外在因素对身体的伤害。而情感的伤害很多时候是很难回避的，除非断情绝爱。"

我："人是感情动物，要做到断情绝爱恐怕不太可能吧。"

觉明："人有五欲，只要欲在，痛苦就不可避免。只是，当痛苦来临时，要知道痛苦是怎么来的，然后再以理性的思维去调整自己。这样，就能适当地减轻痛苦的延续时间。"

3. 痛苦与愚昧的关系

生活中，我发现很多痛苦都是自讨苦吃。我的一位在日本生活的朋友，有一天她给我发来消息，说她的一个男同学在老家泰州骑电动车闯红灯，结果被一辆货车撞得双腿截肢。由于受伤者是全责，在医院救治费用都是个人承担。朋友希望我也通过"水滴筹"给她的那个男同学捐献爱心款。我是个原则性比较强的人，对主动违规而造成后果的人始终抱有一种"你是自讨苦吃"的看法。所以，我令朋友很失望。在我的观念里，一直强调不逾矩、不违规，那些不管三七二十一的人，见红灯敢闯、从不管自己和别人安全的人，我对他们是害怕的。对朋友的同学造成的严重事故，完全是他的愚昧造成的。或许，我这样讲，还有人站出来指责我，认为人家都伤成那样了，你不但不同情、不帮助，反而站在这里说风凉话，我才是一个十足可耻的人。在他们的眼里，弱者就要得到同情或被利用，不管他们做得对与错。对于这个问题，我请教了觉明法师。请教之前，我说了一个发生在我身边的真实的故事。

我："有一年，我从上海坐火车去南京，在我的邻座，是一位女士带着一个幼小的孩子，她们各坐一个位置。这时，有个中年妇女过来，对坐着的女士说，你能把小孩子抱起来吗？女士问，有什么事吗？中年妇女说，我要坐位置。女士说，她是有座位的，我们特意买了票的。你有座位票吗？中年妇女说，小孩子那么小，干吗要占个座位啊？女士显然有点不高兴了，说，你怎么能这样说话呢？我专门为她买了票，凭票入座，关你什么事啊？中年妇女声音也大了起来，这么小的孩子还占座位，耍什么腔调啊。这时，旁边也有人帮腔了，说，就是呀，这么小的孩子抱起来不就行了啊，还占一个位置，大人站着累，小孩子坐在腿上不就行了嘛。那位女士显然被来自周围的不和谐的环境气得厉声说道，我看谁敢坐这个座位！我就是抱着孩子，这个座位空着也是我的，我看谁敢坐下来！"

觉明："用道德或同情心理去绑架法律和感情，类似这样的事还有很多，这也是无知的行为。"

我："我们对弱者是否应该有个定义,是无故致弱,还是无知致弱,我认为这点很重要。这个故事的结尾是,铁路民警闻讯赶了过来,结果把那个中年妇女给带走了。过了一会儿,乘务员过来了,说那个中年妇女是个惯偷,已被警察实行管制,听说要被拘留了。看来,那个中年妇女利用了自己的无知,最后把自己送进了派出所。"

觉明："当下很多人,面对无知的人造成的后果,总不能保持清醒的头脑,时常对弱者的现状心生同情和怜悯。很多时候,如果有人保持清醒的头脑,反而会被那些头脑不清醒的人责备,说他们是没有良心的人,是冷血的人。"

我："那我们是不是可以这样考虑,当那些因为自己无知而造成的痛苦,他们已经为自己的无知承担了后果,我们就不要再去责备了。"

觉明："这需要法律的完备和执行力,也需要社会规则对人们进行必要的教育,就像你说的,无知者已经承担了自己的后果,血的教训已经深刻地教育了他们。作为凡事讲规则的人来说,也应该对造成痛苦的人送去必要的慰问和安抚。这样才能体现人间的真情,让深受其苦的人感受到世间如春天般的温暖。"

4. 痛苦与知识

我："痛苦和知识有没有关系呢?"

觉明："一个有知识或知识渊博的人,他对事物的判断和把握,从事实来看,要远比一个没有知识或知识浅陋的人要客观一点。对事物发生的规律能了解和判断,通常意义上讲就能做到未雨绸缪,防患于未然。而对事物发生发展处于愚昧无知时,那么对痛苦的到来显然无法料及和预知。当然,对于事物的判断,不仅仅来自知识,还来源于生活的积累和个人的经验。比如,一个赶驴车的人,当他赶着一辆载着重物的驴车上坡时,他能通过往常的经验判断出那头驴能否一口气拉上坡。如果坡度的路不变,那么重物和驴的体力就是判断的关键要素了。"

我："您举的这个驴拉重物上坡的例子与痛苦和知识有什么关系呢?"

觉明："如果你把痛苦比喻成路的坡度,把重物和驴的体力比喻为知识的话,是不是就简单了?"

我恍然大悟。想到了一个三十多年前的故事。

我："那时,我在县城医院上班。有一个星期六傍晚,我骑着自行车往离县城五十里开外的家里赶。途中要过一个渡口。渡船靠岸时,一辆驴车载着堆得很高的化肥,向坡度约45度的岸上行驶。赶驴车的人恶狠狠地用鞭子抽打着驴背,那头驴四只蹄子在斜坡的水泥地上不住地打滑。走到一半时,驴的体力不支,驴车下滑,撞了正向岸上行驶的一辆吉普车上。那个驾驶员从车上下来,先是对赶驴车的人训斥了几句,然后说要赔10元钱。那个赶驴车的人说,这又不是他故意这样做的,驴拉不上去,而且他也喊了,不能往后退,可驴就是不听话,他怎么办啊?吉普车驾驶员说,你这个驴车既没刹车,又没倒车灯,你让我躲都来不及。现在大灯给撞坏了,你不赔难道让我花钱买灯啊?赶驴车人说,我是给生产队里买化肥的,出来一天累得要死才赚5元钱,我到哪里找10元钱给你啊?因为天色已渐晚,不知道后来结果是怎样,我骑着自行车赶紧往家赶。"

觉明:"驴车没有错,错在那个开吉普车的驾驶员。是他对驴的体力判断失策。很多人都犯了吉普车驾驶员的毛病,原以为能怎么样(理想化的),如果能那样就能怎么样(按理想化的结果,憧憬着个人的美好未来,或发财,或升官),结果却是另一个样子(失望至极)。"

(三)幸福和痛苦的关系

对于幸福和痛苦的界定,有时候是无法说清的。这里,我想到了当年在桂林读书时遇到一个老乡的故事。

那是个星期天的上午,全校学员冒雨清扫桂阳公路。在我们包干的卫生区,有一顶用棉絮盖住的棚子,斜斜地立在雨中。棚前蹲着一位妇女,看上去三十出头,苦着脸,眯着眼,细瘦的手不停地向炉口扇着扇子。受潮的柴火在锅底生出缕缕白烟,向四处飘散,呼应着空中落下的细雨。她的身旁站着一个小女孩,散发披肩。

不一会,从棚子里走出一个男人,个子不高,显得干瘦,听口音是我的同乡。异地听到乡音分外亲切,我走了过去,并跟他聊了起来。原来,他们是"超生游击队员",千里迢迢来桂林,只为生个儿子。我知道,在我们老家,许多乡亲把生儿子视为一种"脸面",但超生当时是违反计划生育政策的啊。

他老婆转过脸对我说:"他为了生个儿子,把大女儿和二女儿丢给爷爷奶奶,三女儿生下来就送了人……"说着说着,泪水便淌了下来。我问他们现在靠什么生活,男人憨厚的脸上挤出些许笑意,他说他会弹棉花。就在我们谈话的时候,听到棚里有女孩的哭声,那位母亲站起来,挺着大肚子走进棚内,对孩子说,早饭马上就好。孩子饿了。

又是一个周末,我提着一些水果想去看看那个雨棚里的孩子。来到他们住处的时候,棚子却不见了,地上只留下一些炭灰的痕迹,还有那一条雨天用来排水的细细的水沟。他们走了?快要过年了,到哪里去了呢?在这寒冷的季节里,他们有足够防寒的冬衣吗?何苦来着,真是想不明白。事隔多年,每每在这个季节想起那段往事,或者看到类似的情形,我的内心深处总不免泛出丝丝苦涩来。

对于那个为了生个儿子四处讨生活的老乡来说,幸福或痛苦只是别人对他的生活条件的直观感觉,并非是他内心的真实体验。所以,幸福和痛苦是个人的体验,跟外在的条件和给人的直观印象毫无关系。

有序社会和无序社会

人具有社会属性。所以，社会的价值观和社会秩序会直接影响到生活在这个社会里的每个人的心态。换句话说，一个秩序井然的社会，往往会比一个秩序紊乱的社会效率要高很多。同样，一个人生活在秩序井然的社会里，往往会比生活在秩序紊乱的社会里的文明程度和心态要高得多、好得多。对于有序社会和无序社会对人性的影响，我请教了觉明法师。

第一，关系。

我："社会关系，是组成社会并按一定的规则行为从事生产劳动、文化教育、社会交往、公共服务的一个重要框架。您是如何为社会关系进行分类的呢？"

觉明："我把社会关系分为两大类：一是有序的社会，即体现规则结构；二是无序的社会，即强调感情关系。"

我："您能具体介绍一下有序社会和无序社会吗？"

觉明："生活中，我们会发现一种现象：同样在上公交车，一个站点是30个人排着长长的队伍，如果大家有序排队上车，心平气和，上车时间用了一分钟；另一个站点只有十个人，却挤成一团，你推我搡，大家一窝蜂挤在车门口，你不让我、我不让你，结果也用了一分钟，甚至时间还长一点。显然，前者比后者效率高。我把这种现象定义为'有序效应'。在生产劳动中，'有序效应'会节省劳动力；在文化教育中，'有序效应'会减少教育成本；在社会交往中，'有序效应'会降低情绪投资；在公共服务中，'有序效应'会提高工作效率。"

我："有序效应在有序社会中的体现可以得到最大化。听说在北美购物，税费达到12%。应该说，这样的税费在世界上来说是很高的。人们有时虽有想法，但仍然心平气和，并没有对很高的税费产生很大的埋怨情绪。因为人们知道，这些税费都被政府有效地用在了儿童和老人的福利上。有序,往往会形成一种无声的平衡的团结的力量。那么,您对无序社会又是如何来理解的呢?"

觉明:"关系在无序社会中,就像一个小丑在变形的舞台上淋漓尽致地自我演绎,台下还有如小丑一般的观众在欢呼雀跃。无序的社会关系,规则被打破,出场的是所谓的感情交换和虚荣欲望。这里,我举一个例子来说明一下。新华报业网曾发表一篇题为《贪官为什么非要等入狱后才恍然大悟?》的言论文章说,他们利用手中的权力,为这些找上门来的'朋友'批项目、批土地、批贷款、疏通关系,而自己从中攫取大量不义之财。这就是典型的感情交换和虚荣欲望。检验一个社会是否有序,就看这样的现象多与少。如果比较少,并通过法律严惩后,此类现象得到有所改善,仍然属于有序社会。"

我:"是不是可以这样理解,如果做人不讲原则,办事不讲规则,法律人情化,此类现象越演越烈,那就属于无序社会呢?"

觉明:"无序社会过分强调感情关系,所以,一人升官,全家高兴。全家高兴的是,这个官给他们带来了好处:方便和利益,还有荣誉和地位;同样,这个官给自己带来的害处是,健康透支、情绪不稳、精神压抑。特别是,这个官到了退休之后,心理和生理上的落差也会带来精神失意和身体报复;更可悲的是,这个官还没到退休年龄,有的就锒铛入狱。金钱、名誉、权力,是无序社会的中轴,全民以此为荣耀。当官了,祖上积德;发财了,菩萨保佑;成就了,光宗耀祖。所有的成功与规则没有关系。无序社会的意识形态是:社会缺德浮躁,个人虚荣显摆。"

我:"那么,是什么原因导致了从有序到无序的呢?"

觉明:"有序的社会关系原本方正,原则不容打破,任何人在这个方正里,都得按原则规矩行事。如果有人撑着胆子把这个方正拉圆了,并且原则不出场阻止,这个圆就会在众多的撑着胆子的人同一使力下越拉越大,那么有序的社会关系便不再方正了。无序社会是点燃人性欲望的火源。无序社会中,各种关系被丑化、异化,原本按程序就可解决的问题,却被异化的权力设置了一道又一道门槛;原本在规定的时间里就能办成的事,却被有意推诿、找理由、找借口,硬是一拖再拖,从而实现关系与利益丑化结合。"

我："人性的欲望如何来理解呢？"

觉明："当人性的欲望被点燃时，一切可以利用的权力和自由都可以从简单到复杂，从容易到困难。如果法律不作为的话，人类的贪婪和胆量就会像大海涨潮一样，汹涌无敌；政府不作为的话，服务部门就会滥用权力，无视群众需求；农民不作为的话，土地就会杂草丛生，颗粒无收。作为的条件是，在一定的规则下实现自身需求。"

我："那人性欲望的代价是什么呢？"

觉明："人性的欲望时常会挑战自我，有时甚至以生命为代价。比如，在城市里，凡是十字路口出车祸的助动车，多为闯红灯者造成。这些造成车祸的人，又多是抱着侥幸和习惯的心理——汽车会让着我的，他们不敢撞我的；不会那么巧的，万一的概率不会出现在我的身上。可是，当他们被快速行驶的汽车撞倒后躺在马路上时，才知道这万一的可能确实降临在他们的身上，到那时，为时已晚，后悔也无济于事了。同样如此，那些有职有权的人，因为有了贪污的习惯和侥幸心理，所以他们的心里没有了防线，没有了戒律。党的十八大之后，特别是国家监察机构的成立，那些冒违法之险的人，既有前车之鉴，也有恐慌心理，在这种强大的反腐压力下，欲望之火就会得到有效地控制。所以，在有序的社会中，时时有规则在制约那些心怀不轨的人，时时有法律在寻找那些心怀贪婪的人。这规则，是法律，也是代表绝大多数人利益的一个有序的群体或者集团。"

我："有些人喜欢生活在有序社会里，因为他们的内心有道德规范；有些人喜欢生活在无序社会里，因为他们的内心充满了欲望和私利。可以这样理解吗？"

觉明："对头。人心需要适宜，人性需要平衡。生活环境决定了人的追求和理想，关系决定了社会的有序或无序的状态。"

第二，热情。

我："待人热情，应该是值得提倡的一种社会美德，您说是吗？"

觉明："热情是有程度之分的。对于热情的程度和结果是否可以这样分析一下：适度的热情，表示一种关怀和关心，会让人感到温暖的感觉；过度的热情，往往会给人一种不自在的感觉，甚至有虚假的嫌疑。你说是吗?"

我:"嗯,是这样的。您说热情有层次之分吗?"

觉明:"热情给予不同的对象,有时还会让人生起复杂的联想。比如,贫穷人对富人热情,会被人视为巴结,热情就失去了自尊。富人对穷人热情,会认为那是谦逊的品质,会得到穷人尊敬,热情就得到了提升。员工对领导热情,有两个层面:一是员工在乎领导对自己的评价,领导也会在意。二是领导可能不屑一顾,并不认为员工的热情而获得一份尊重,有时反而觉得那是应该的;领导对员工热情,同样也有两个层面:一是领导(该领导在参与选举或民主测评之前的表现除外)谦逊,善于走近群众,体察民情;二是员工(这类人的动机比较明显,主要想获得领导的认可)感到欣喜,认为自己在领导心目中表现不错。朋友之间的热情,大体有几种现象:一是久别重逢,表现出的高兴;二是谈得来的朋友,有说不完的话题和共同的情趣;三是应付而已。"

我:"是不是说,每一种热情的内容,都取决于个人的心态。如果你无所求,就没有虚假的热情;如果你有所求,热情就有了利益参与。是这样吗?"

觉明:"热情,常常表现关系相互的结果。比方说,北京人来上海了,上海人很热情。上海人为什么热情呢?因为上海人心里清楚,有一天去北京了,北京人也会热情接待。如果上海人去北京,不需要北京人接待,那么上海人还会对北京人热情接待吗?情况恐怕是这样的:一次可以,出于礼貌接待;两次可以,考虑工作(朋友)关系;三次还行吗?多数情况是,找借口或理由加以推辞。有所求,就有所谓;无所求,就无所谓。生活和工作中,可以以此作为检验自己的心理需求。假如领导交代一项任务给你,你是否会把自己的某种需求考虑进去?如果你不需要提拔升官,仍然热情洋溢地专注地把工作做好,这就是责任心,就是事业心。如果你以此作为提拔升官或者方便某种需求的条件,那么,你表现得再热情,工作做得再好,也是你的欲望和需求在起作用,而不是责任心和事业心。利益和热情,一般情况下是结盟关系。如果一个人有天突然对你热情起来,你得当心了,这个人很有可能有求于你,否则没必要如此热情。如果有天哪个领导突然对你热情起来,这个领导要么是因为某种满足而心情高兴,要么接下来可能进行对领导的民主测评。如果你走在马路上,有个陌生人突然对你热情起来,不是骗子,就是傻子。如果一个生活或工作在你身边的人,每天总是待你热情,通常有两种情况:一是待人和蔼,与人为善;二是做人圆滑,不结冤家。"

第三,虚伪。

我:"有不虚伪的人吗?"

觉明:"每个人都虚伪过。不同的是,有的人虚伪过,有的人仍然在虚伪,还有的人,将永远虚伪下去。四十不惑,讲的是人到了40岁,应该明白两件事:一是做什么样的人,二是做什么样的事。实事求是,就是不虚伪。可实际情况是,多数人到了生命结束的时候,都不知道自己的生命里到底需要什么。每天活着,却不知道自己的生命价值。也就是说,虚伪一辈子。"

我:"害怕得罪人的人,是最虚伪的人吗?"

觉明:"虚伪也有技巧之分:有的人,虽然不想得罪人,可做人的虚伪技术又不过硬,让人识破庐山真面目;有的人,技术高超,虚伪得可以乱真。这类人,多是历经风雨,他们从教训中获得做人的道理,从经验中收获学识。譬如一个单位,领导嘴上说不喜欢虚伪的人,但内心里却离不开虚伪的人。朋友中,特定场合下,谁都喜欢虚伪的人夸赞自己。"

我:"那虚伪的人有特点吗?"

觉明:"虚伪的人通常有以下特点:一是生活中不会吃亏;二是通过自己对别人的虚伪,获得别人对自己的恭维;三是别人嘴上虽说不喜欢,但心里却离不开;四是说话办事喜欢跟风;五是显摆;六是引起别人注意自己;七是没有担当的责任和勇气;八是善于消费。"

我:"那虚伪的人,会有什么具体表现呢?"

觉明:"虚伪的人,一般有以下几种现象:一是情人。为获得对方的身心,什么话都能说,什么事都能做,结果是不能给对方家庭。情人虚伪主要体现在放不下:放不下孩子(教育),放不下家人(压力),放不下传统(舆论),放不下自我(顾虑)。二是友人。为了获得利益或方便,可以陪时间、陪精力、陪心力,结果是友人之间永远有距离。友人虚伪,主要体现在利用:利用权力(为自己提供方便),利用名誉(为自己提升地位),利用金钱(为自己一时解难)。三是自尊。为维护自我在别人面前的形象,言过其实,内心空虚。自尊虚伪,主要体现在三假:说假话,传假信息,制造假现象。比如,面对一件3万元的衣服,不同的人就有不同的消费心理:

1. 有3万元的人,可能喜欢那衣服的名贵高档,欣然买下。

2. 有3万元的人,可能不愿意在自己身上显摆那件衣服,感到不自在,不买。

3. 有3万元的人,可能觉得自己穿300元的衣服已足够有气质,不值得买,不屑一顾,于是不买。

4. 有3万元的人,可能很喜欢那衣服,但是无论如何不舍得,最终没有买。

5. 有3万元的人,觉得值得,也喜欢高档,可是穿着并不好看,于是最终放弃。

上述是有3万元的人种种想法。

1. 没有3万元的人,可以说我不买那3万元的衣服,因为高档而俗气,所以我不需要。

2. 没有3万元的人,可能羡慕死那些掏钱买下衣服的人,于是她/他盼望有朝一日,喜从天降,能买下那衣服。

3. 没有3万元的人,可能知道天上不会掉下馅饼,于是,他/她认命,不与衣服的诱惑斗争,平静自己的欲望。

4. 没有3万元的人,可能根本没有这个身材和气质穿出好品位,于是他/她认定,有能力穿上那衣服的人,是他们的成功美。

5. 没有3万元的人,可能觉得自己有身材、有气质,只是运气不佳,穿不上那衣服,于是她/他一边嫉恨贵人,一边精心策划,加入富人行列。

反正,没有3万元的人,也是心态各异,想法各异,手法各异。

就那么简单的一件衣服,可以折射那么多的人生百态。知人知面不知心,也就是这个道理吧。"

我发现,虚伪,是人性中的一项不可或缺的内容。将虚伪一次性用完的人,是真实坦诚的人;将虚伪分阶段使用的人,是不讲诚信的人;将虚伪作为一辈子陪伴的人,是绝对不可靠的人。虚伪也是一种思想。

第四,事业。

我:"事业和职业有什么区别呢?"

觉明:"从名字上看,事业要比职业显得高贵和气魄。如果说,为了事业而放弃了健康,别人会说鞠躬尽瘁,死而后已;为了事业而放弃了家庭,别人会说术业有专功,专注投入;为了事业而放弃朋友,别人会说精力有限,时间宝贵。总之,凡被冠以事业心强的人,一切行为都能让人理解和尊敬。相反,职业就不一样了。每个人都有自己的工作,虽职业不同,但都是为了生活。如果说,为了工作而不顾及健康,别人会说想在领导面前表现,想提拔;为了工作而影响了家庭,别人会说死脑筋,傻得不透气;为了工作而远离了朋友,别人会说舍不得花钱,死抠门。总之,因为工作责任心强,做事认真,多是不能被理解的人。"

我:"事业心强的人,都是真心为了集体和国家吗?"

觉明:"事业一旦被人为愚弄,就会走进虚伪空间而且显得冠冕堂皇。比如,我认识的一位官员,退休后单位里返聘他筹备一项政绩工程,并为他提供一辆工作用车,他把时间和精力都花在了工作上。他的老婆很想出去旅游,希望他能陪她出去走走。有一天,他来我这里对我说,他是为了事业才这样做的。我为他能有这样的事业心感到高兴。后来,我无意中听到他的驾驶员说,如果没有了工作用车,他就不做这份工作了。这句话,给了我思考。可见,那位退休官员的事业心是建立在条件和福利基础上的。显然,事业在他的心里被玩弄了。"

我:"那您对事业是如何理解的呢?"

觉明:"事业具有神圣性。事业像一座灯塔,它可以牵引你前行,你可以为它无所报酬,义无反顾地付出。在个体生命的世界里,事业是精神支柱,是力量的源泉,是奋发努力的动力。事业不属于个体,却以个体的行为来实现为社会、集体和大众服务的价值。比如,为了民族的独立和自尊而牺牲的抗日英雄们和为建立新中国而壮烈牺牲的英雄们,他们的事业就是神圣的、令人敬仰的。对于他们来说,事业——没有个人的得失和计较,没有利益和权力的纷争,比如焦裕禄、孔繁森、杨善洲、张富清等优秀的共产党员。我们承认有很多工作责任心很强的人,但不能随便冠以事业。工作可以考虑个人利益,事业只能顾全大局。顾全大局,也强调实事求是。有的人表面确实做到顾全大局,但背后又心怀不满。这样的人,当然不具备事业的条件。事业,是一种修养,一种品质,一种精神。事业不能和职业混为一谈,前者具有稳定性,后者具有可变性。事业,不管在什么岗位,都是为了远大的理想而奋斗,持之以恒,任劳任怨;职业,因为岗位调动的好与差,会有不同的情绪反应,仅局限于付出和收获之间。比如,一个纺纱女工连年被评为先进工作者,后因工作需要,她被调往收发室,依然乐意接受。她的理想是,只要为社会主义建设作贡献,在什么岗位都一样——这就是事业。再比如,一位车间主任因工作出色,单位里给他分了一套住房。后因精简机构,他被调到另一车间任副主任,他就开始情绪化,工作不认真,做事不负责——这就是伪事业。"

看来,利益面前的心理反应以及反应之后的工作情绪,是检验一个人是否具备事业心的重要条件。

第五,朋友。

我:"您是如何理解朋友的呢?"

觉明:"每个人都有朋友。朋友有近有远,有多有少。知音难觅,说的是品格高贵、情趣相投、可以掏心窝说话聊天的朋友不多。因为层次不同,所以对朋友的要求也有所不同。一辈子没有朋友的人(精神病患者除外)几乎没有,哪怕是乞丐和小偷。"

我:"朋友与利用是什么关系呢?"

觉明:"在中国,自古就有'在家靠父母,在外靠朋友'的典故。在外靠朋友,就是有了朋友,办事不愁。按规章办,你得耐心地等,最后还不一定能办成;有朋友帮忙,你不需要等,最后还能办好。朋友的力量是无穷的,可以解决生活和工作中的许多难事、烦心事。听说在日本,男人以朋友多而被女人钦佩,视为能力强的象征。朋友多,就意味着应酬多;应酬多,就意味着关系多;关系多,就意味着机会多;机会多,就意味着成功概率多。一个男人如果每天晚上有应酬,女人不但不埋怨,反而为男人觉得自豪。一个男人如果下班就回家,女人不但不高兴,反而会嘲笑男人没本事。朋友多少,成了检验男人能力的一个基本标志。"

  我:"饮食和交友有相同的地方吗?"

  觉明:"当一个人还是小孩子时,面对各种香喷喷的菜,吃一样还想吃一样。随着时间、社会关系和生活条件的不断推移和改善,人长大之后,菜的种类越吃越多。当一个人到了不惑之年,虽说没吃尽天下美食,但几乎吃了可以吃到的各色菜肴。如果把一个人的年龄定为80岁的话,40岁就为生命的黄金分割线。那么,后四十年的饮食趋势,应该是越吃越少,最后几乎归于单一。这点,不必例举,身边的任一个老人都是鲜活的例子。交朋友也一样。结交一些能办事、会办事、办好事的朋友,多多益善。那些酒肉朋友之所以被人称为'狐朋狗友',就是吃喝闲聊不办实事的人。这类朋友,没人喜欢。特别是女人,认为是最讨厌的东西。那么,那些素质高、品味高的朋友如何交得?除了缘分之外,自然来自自身的素质和修养。人以群分,讲的是朋友圈子。不管是什么样的圈子朋友,想交深、交透,都必须花时间、精力、财力、心力,有时还有你的健康。你不投入,别人自然会远离;你投入过甚,自己恐怕也会吃不消。当朋友交到一定程度时,你就会觉得有些朋友可有可无。这时,你开始筛选,保留一些你生活和工作中离不开的能给你带来益处的朋友;而有些朋友,不但不能给你带来愉快,反而经常找你麻烦,只能让他们远离。随着时间的推移,朋友自然越来越少,也越来越真。交朋友像吃菜一样,经过几十年的风雨历程后,最后陪伴你的为数不多。"

  我:"真正的朋友到底有什么标准?"

  觉明:"一是没有利益介入,二是没有权钱交换,三是没有工作关系,四是没有虚荣心理,五是可推心置腹(不保留),六是可指出缺点(不恭维),七是可以茶代酒(善体谅),八是可道途共学(善研学)。平淡之交,坦诚相待,不为酒肉,得闲胜聊,这是朋友的境界。两肋插刀,那是江湖义气。朋友应该多提醒,善思虑,生活平静多学识,内心得以安静,不情绪,不张扬,有序情感,丢掉江湖义气,聊以抚慰,是对朋友最好的帮助。所谓良师益友,有益于身心健康的朋友,虽多多益善,生活中却并不多。真正的高人,没有几个朋友。就像归隐深山的仙人,朋友对仙人来说,就像出击的拳头,一拳就是一拳,一拳就能致命,不多余。"

第六，家庭。

我："我能请教您对家庭生活和教育的看法吗？"

觉明："当然可以。你提的问题很有针对性，家庭主要涉及生活和教育两大方面。生活，层面很多，在经济方面：解决温饱型的，有所节余型的，小康满足型的，富裕丰足型的。在精神方面：永不满足型的，知足常乐型的，轻松自在型的。教育，层面也很多，有的关注健康成人，有的在意学有所成，还有的强调孝顺父母。在中国，特别是在农村和中小型城市，望子成龙成为教育的目标，忽视教育的负担成本很突出。"

我："能请您给我详细介绍一下吗？"

觉明："中国特色的生活质量，呈橄榄形。生活相对贫穷的人，越贫越省，舍不得吃舍不得穿。舍不得吃，人体长期缺乏营养，导致各种疾病缠身，直接影响了生命质量；舍不得穿，一辈子没穿过几件像样的体面的衣服，走在人前缺乏自信，总感到低人一等，自尊也在无形中受到了伤害。生活富足的人，一般有三大类：一是做官，二是做生意，三是艺术投资。这三类人由于长期烦神劳心，应酬频繁，身体透支，心力精力长期得不到缓解恢复，到头来也是病缠卧床，降低了生命的质量。生活有所节余的人，虽然谈不上十分富裕，但一不愁吃，二不愁穿，三不烦心劳神，如果没有虚荣心和攀比心，心境自然轻松自在，生活无忧无虑，身心愉悦。相对生活贫穷的人和富足的人，有所节余的人的生活是最理想的，也是最多的群体。这里，我们比较一下西方人的生活方式，孩子18岁以后就开始自立，父母亲也开始享受自己的生活。因为没有付出，所以孩子没有赡养父母亲的义务，父母亲也没有承担孩子买房子带来的负债的义务。虽然如此，并没有影响两代人的感情。因为，大家拥有各自的生活和精神上的自由空间。相比之下，中国的父母亲总是吃力不讨好，孩子在读书时烦神，在找工作时费心，在买房子时吃力，到了晚年还不一定得到孩子的赡养。有人说，西方人福利高，老人用不着孩子赡养。福利高这是事实，但更重要的是人的生活观念——让孩子自己动手，实际上他们比我们强。如果从小养成自力更生的良好习惯，懂得体谅父母亲的用心良苦，孩子的身心自然会健康成长，并能照料自己的生活。同样，这样的孩子长大成人后，又怎么会忘记父母亲的养育之恩呢？如果让孩子自小独立,就不会有啃老族,也不会有因为遗产分割而杀气腾腾的事发生。起早贪黑,含辛茹苦,负债累累,为孩子铺好撒满鲜花的生活道路,是中国型父母亲的生命悲哀,也是虚荣心和攀比心酿成的苦果。对于教育,望子成龙,更具中国特色。可以这样肯定,每个家庭对孩子的态度基本是:好好学习,长大考上名牌大学,然后拿着过硬的文凭,找到一个理想的工作,一生无忧无虑。其中,家长们忽视了一个极为重要的问题,孩子们的快乐和健康还有兴趣爱好。快乐好像天生不是给孩子们的,只要孩子们的成绩好。'不要输在起跑线上'。什么都和别人家的孩子比,各类培训班都要参加,全面发展,就是缺少快乐。当亲朋和老师夸赞自己的孩子如何出色时,家长们平时付出得再多,此时也会觉得很值得。只要成绩,只要全班第一,孩子要什么父母亲都会同意。孩子从此埋在书本堆里,衣服不会洗,简单的饭菜不会烧,待人接物都不懂,遇到下雨天都不知道怎么回家,同学之间遇到小小的摩擦也不知道如何处理,甚至一个大学生连苹果都不会削。有一位居士的孩子从小被视为神童,学习跳级,10岁时就读了初中二年级,可他连自己的饭碗都不会洗,等等。我们培养出来的到底是什么样的人才?还有的大学生毕业了就被分配到政府机关,缺乏艰苦生活和基层工作的体验,养尊处优,时间一久就养成了以自我为中心的思维定势。教育是终身跟班的工程,不是阶段完成的活计。改善教育环境,是实实在在的大计工程,不是口口声声喊出来的口号。教育是愿意'传、帮、带'和愿意接受的双向作用,不是'你和我没关系,我不需要你多嘴'的两代鸿沟。教育确实是一个很难缠的问题,这也是一个几千年遗传下来甚至怀疑有遗传基因的问题。教育改革为什么那么难呢?同样也是一个具有求胜心切、虚荣心极度的问题。"

听了觉明法师的分析,如果父母亲没有了攀比,没有了虚荣的心理,让孩子树立"我做一名工人同样感到光荣"的教育理念,相信教育就成功了。教育改革的成功,在于适应学生的需求,而不是学生背着教育的沉重砍刀,无可奈何地拼命搏杀。

第七,做官。

我:"你对从事领导岗位的人是怎样看待的呢?"

觉明:"按理说,做官是个苦差使,虽说工资高于被管的人,但管人的人总是很大程度上看不惯被管的人（主要指性格上、态度上、情绪上、尊重程度等方面），情绪整天受到不正常的干扰，烦神劳心，有时还有突发性的事件，搞得寝食不安，一般人不应该想做官。可是，在有些国家，为什么人人都想做官呢？这个问题很富有玄机。官的责任和荣誉、地位、权力被整个颠倒了。做官办事方便，有地位，收入高，还能得到别人的尊重和害怕。中国有句古话：一人得道，鸡犬升天。做官不仅一个人得福，全家人甚至亲戚朋友都跟着沾光，那种在别人面前风光的神气劲儿，拿钱也买不着。正因为做官的利益刺激着每个人的欲望，所以那些在单位里做不了官的人，有的埋怨单位领导讲小圈子、提拔干部不公正；有的破罐子破摔，上班不务正业；还有的做一天和尚撞半天钟。只把眼光放在谋私的多棱镜上，自然忽视了当官的责任和义务。可见做官的好处，完全是社会的大环境气候带来的特别福利。"

我："我听说，在德国做官可不是这样的。"

觉明："对头。我以前看过一本书，书上说德国杜赛尔多夫市市长约阿希姆·埃尔温每个星期四下午会西装革履地坐在办公桌前，按规定接待来访的市民；但到了周末，他却要去'敲开市民的门，和房主热情地交谈几句，然后戴好口罩，做好准备工作'——认认真真地开始掏烟囱。约阿希姆·埃尔温以前曾是一名掏烟囱工，'由于市长的职务补贴少，不得不重操旧业'。当地媒体甚至给他的掏烟囱工作一个'技术过硬'的评价。在德国其他城市也有兼职市长。他们有的做业余艺术家，有的做业余技工，还有的做博物馆的解说员。在德国北部小城吉夫霍恩，一位欧洲央行的计算机高级管理人员，为了政治理想，放弃了每小时100欧元工资的工作当选为市长，却承受了经济上的损失——由于有四个孩子正在上学，老婆失业在家，为了节省开支，他平日上下班都乘公共汽车，但他的亲民举动反而让他获得更高的支持率，连续两届当选为市长。为了改善生活，2003年，他在一所社区大学里兼职当计算机指导老师，拿每小时20欧元的外快。公车不能私用，接待客人自掏腰包，连接受超过30欧元以上的私人礼物也算受贿……这便是德国的制度。"

我："天啦，还有这样的事情啊！"

觉明："在某些国家做官，起码有三个方面不愉快：一是应酬多而带来的身体伤害,到头来疾病会一并报复。二是精力和时间都给了别人,有时身不由己。三是担心吊胆,不贪的官员太稀有,只要严查,大多数有权有势的官都应该在监狱里度过余生。"

我:"既然做官可能会有致命的硬伤,为什么有些人还前赴后继、赴汤蹈火地要当官呢?"

觉明:"那就是心存侥幸:只要不严查,不站错队,不跟错人,不顶风冒进,就能得到做人的乐趣和快感,那'万一'的残局不一定会落到自己的身上。做官,可以说官话,官话能让人感到领导具有很高的水平。问题是,官话的生命力不太强,有的领导今天在台上扬言如何清正廉洁,明天台下受审什么都不是;有的领导在他们的领导面前马首是瞻,低头哈腰,点头陪笑,背后却怨声载道。这样的领导,睁着眼睛说瞎话,台上台下不一样,连基本的廉耻都没有,还有什么人品可言?这样不知廉耻的领导是他们自己的人品失职倒也不算什么,关键是老百姓还尊重这些领导,有的甚至还为这样的领导高唱赞歌,还急着抢着要去当这些官。可见,愚的不是官,而是群众。"

听了觉明法师的这段话,我深切地感受到,如果百姓觉醒了,官并不是那么好做的。

第八,情感。

我:"情感对于每个人来说,体验都是一样的吗?"

觉明:"每个人都有自己的情感世界。内心深处的那潭清池,对于别人来说,有的可能一辈子都不会外溢。情感世界,属于个体,它看不见,摸不着,能让人对生活激情满怀,也能让人对生活失去信心。情感丰富的人,在乎别人对自己一言一行的看法,这类人要么幸福,要么痛苦。就像李清照写的《醉花阴》:薄雾浓云愁永昼,瑞脑销金兽。佳节又重阳,玉枕纱厨,半夜凉初透。东篱把酒黄昏后,有暗香盈袖。莫道不销魂,帘卷西风,人比黄花瘦。从这首词来看,可以让人感受到情感因为纯洁、纯美、纯粹,所以情深意长。从心内流出的声音,他人无法感受和体验,相思、牵念的语言只是表达情感的工具而已。"

我:"情感淡漠的人,无所谓自己对别人或别人对自己的感觉敏感。这类人,无所谓幸福和痛苦,只求生活安稳平常,除非生活有意外发生。

可以这样理解吗？"

觉明："不管是情感丰富还是情感淡漠的人，一旦内心世界被金钱、名誉、权力的欲望撞击并破坏，情感世界的结构就会变形。情感丰富的人，不再纯洁、纯美、纯粹，心灵的空间里大风大浪，汹涌澎湃，以情感为代价，以房子、车子、票子代替了'有暗香盈袖'，以权力、名誉、地位代替了'莫道不销魂'。情感淡漠的人，不再安分麻木，他们学会了灯红酒绿，开始步人前尘，只图自己满足欲望，哪管别人'人比黄花瘦'。"

我："随着通讯技术的快速发展，信息量的多元化对情感结构的冲击会具有毁灭性吗？"

觉明："其实，这方面的影响已经很严重。当代情感需求的表达，一个电话、一个邮件，甚至视频或飞机、高铁前往赴约相会。表面上看，想念无距离解决了情感的哀怨愁思，实则上，情感的缠绵悱恻被无情地拉断了。有情绪时，把对方'屏蔽'，失去踪影，要么欲擒故纵，要么借此提出各种苛刻的条件。表面上看，是在耍小性子、小脾气，实则，内心深处的那份纯美的情感已被破坏撕碎。"

我："对于情人之间的敏感问题，您是怎样理解的呢？"

觉明："有能力处理好情感中的敏感问题，就有了情感的纯洁；有能力营造情感中的诗意对接，就有了情感的纯美；有能力让情感在得失取舍中做到无怨无悔，就有了情感的纯粹。敏感，是因为没有信任。或者说，是自信不足。当然，谁先爱谁卑微，也有其中的微妙触觉。爱与被爱之间的绵性、弹性和韧性是情感的特质。情感通常用空间距离来表现，空间的距离含义深邃：一种是，情到深处怕分别，分别犹在眼前泪。没有分别的想念，那是何等的深情不舍；另一种是，天涯相隔又何妨。那是将空间距离进行无限拉近，让思念在时空里荡漾出悠悠的水花，生命绽放出春花般的美丽和灿烂。空间的距离不是人为的空间阻隔，而是灵魂与灵魂在想念中的自我体验和切身感受。"

我："对于人性中的敏感导致的排外心理，我始终没能考虑透彻，不知到底是怎么回事。"

觉明："情感越亲密，排外越明显。排外的表现具有渐进规律。排外最初是情绪，由于处理不当，再加上时间的推移和排外的不断积累，情绪就有可能上升为敏感。敏感的结果是愤怒和远离。对于排外的心理感觉，由于东西方文化的不同，结果也是有轻有重。比方说，有两个要好的女人，几十年交情深笃，每天联系关心对方，有时还会由衷抒发内心的情感。在守旧的东方，会尊重她们的姐妹深情，表示理解。而在开放的西方，结果就不同了，势必会让人产生同性恋的嫌疑。如果她们中的一个女人有自己深爱的男人，那么，她们姐妹之间的感情又势必会让那个男人产生一种排外情绪。有了情绪并不要紧，适当处理好即可。如果让这种排外情绪不断升级，那就会上升到敏感。男人有了敏感情绪，自然会影响到他们的感情生活。"

可见，内心世界的变化，来自外在的秩序影响。虽然内因是决定因素，但外因也难辞其咎。净街效应和破窗效应，讲的就是社会环境对个人的素质影响。

第九，身份。

我："在中国，一个人的身份（这里指的是男人）主要体现在各种应酬方面。是这样吗？"

觉明："一个人如果饭局很多，至少说明他有很多朋友或者有很多需要接近他的人。当然，朋友也有很多种，这里不去多说。不过，如果一个人有学问，为人谦虚，善于体谅人，受到很多人的尊重，那么就会有很多需要接近他的人。也有是领导的，或有钱的人（生意人），或某个领域的拔尖人才或者公众人物。对于饭局很多的人，特别是官员，他们会常常向下属或朋友们'抱怨'：吃饭真是个负担；有时他们的家人也会'埋怨'：一个星期都不会在家里吃一顿。那些心生'抱怨或埋怨'的人，谁能真正了解他们的心理到底是怎样的呢？有些官太太在小姐妹们面前'埋怨'自己丈夫时，内心实质是充满了高傲和显摆。他们在享受自己感官满足的同时，却忽视了致命的一点：身份带来的是很多饭局，饭局带来的是很多疾病和已经违法或即将违法的行为。"

我："对于没有或者饭局很少的人，会是怎样的情况呢？"

觉明："一是，他们想参加饭局，但身份卑微，被社交秩序排外。他们按时下班回家，偶尔会带着单位里的情绪转嫁给老婆和孩子。他们的心里有闷气，但又无法表达。他们有的会抽烟，有的好喝酒，有的喜赌博，用自己的方式安慰孤独的灵魂并在安慰中找到自己的精神归宿。二是，他们不想参加饭局，把健康放在首位，拒绝将自己的时间和精力给予没有必要的应酬。他们喜清静，乐安宁，孤单是最好的休息和思考的方式。他们会用散步或冥思的方法走近自己，了解自己，认识生命，解构生命，并在其中感受到乐趣和幸福。当我们了解了身份和健康影响生命的质量时，就会把权力、名誉、虚荣放在一边而慎重取舍了。"

看来，身份往往给人一种心理暗示，对比自己身份高的人，会让自己少说话，有时会伴有自卑感；对比自己身份低的人，会让自己多说话，有时会伴有优越感；对和自己身份相等的人，会让自己轻松自在，说话随便，无所顾忌，持无所谓的态度。

第十，知识。

我："一个人的生活质量，是否取决于他的知识？"

觉明："我先分析一下知识和能力。知识，词典定义为：识别万物实体与性质的是与不是。显而显见，知识是一种工具，一种教会我们如何识别事物和事物性质的工具。知识的作用，是帮助我们去识别事物，而不是我们处理问题的能力。有的人误以为，知识就是能力，所以，拼命读书。理由是，书读得越多，办事能力就越强。实际上，恰恰相反，书读得越多，如果没有思考和见解，缺少社会交往的参与，就成了书呆子。没听说过哪个书呆子办事能力强，只有人说，那个人虽然文化不高，但办事能力特别强。比如，一个兽医通过解剖死猪从而了解猪的生理结构，而一个养猪专业户只具备饲养生猪的专业技术。前者是知识，后者是能力。知识和能力有本质区别，但两者在一定条件下可以相互转化。知识在利用阶段可以提高能力，能力可以通过实践总结提炼知识。"

我："那知识和权力有着怎样的关系呢？"

觉明："知识一旦被权力掌控，知识就要被挨打了。知识遇到权力，如果不能合理地运用，那么知识势必成为权力的助推器，其后果是极为严重的。"

我："如果知识变成一种动力的话，会怎样呢？"

觉明："知识改变命运——知识从此就有了动力。当知识变成动力时，知识暂时被理想化和功利化。理想化的有：改变生活状况，改变自尊定位,改变人生目标。功利化的有:改变工作地位,改变利益最大化,改变公众需求心理。理想化的动力,具有逻辑性。比如,一个农民的儿子,想要脱离农村,只有学习,通过考上大学,将来可以有机会留在城里工作。在城里上班,自然就有了在城里安家的条件,从生活的方便性和教育的范围来看,要比农村好得多。当一个农民的儿子在城里定居再回到农村后,他的心境会有微妙的变化——他显然不是一个农民了——他会得到村民的尊敬和羡慕,他的自尊便得以改变。村民们也许会对他说,二愣子,好好干,争取干个县长什么的官。也许就是这么一句简单朴实的话,可能会让他萌生一种动力——我一定会干出一番事业给你们看,从此他的人生目标也改变了。理想化动力,会引起横向发展,所以理想具有横向属性。功利化的动力,不具有逻辑性。比如,一个当官的,他想提拔一级,就要巴结上级领导,为此,付出金钱和自尊。当他提拔后,心里想的可能有三个方面:一是为了挖取更多的财富和自尊,二是想再提拔一级,三是既想捞钱又想提拔。欲望始终被引诱。功利化动力,自始至终只为一个目标,所以欲望具有纵向属性。

生活教会了我们什么

人性(人具有的单纯简单、无有功利的特性)深处很远,远到有时连我们自己都看不清。每个人都具有生存、安全、社交、善良、情感、成就、自尊、信仰的特质,同时也具有利益、名誉、权力的欲望。每个人的行为表现和潜意识的自然流露,一定意义上决定了个体的思想意识和精神境界;生活方式和人生目标,体现了生命追求和精神归宿。

让我们假作一个线段的两端分别为人性深处和世俗的欲望,走近欲望,就远离人性;走近人性,就远离欲望。可见,走近人性深处,必须具备远离世俗的利益、名誉和权力的欲望的能力。拒绝是一种能力,更是一种精神。

我:"我想请教您一下,如何理解生存危机心理?"

觉明:"生存,是生命的首要条件。生存的基本内容包括:饮食、住宿、穿衣。生存的外延内容包括:求知、工作、情感、社交、旅游等。生存的归宿过程包括:面对生病、敏感、气愤、竞争、成就、失恋、年老、残废、死亡的心态等。生存危机的主要方面:身体安全、职业安全、情感安全。"

我:"身体安全不是一个常态概念吗?"

觉明:"当我们失去健康的时候,才关心起身体安全这个问题。区别于健康身体的大致有四大类:一是意外受到外力伤害致残的,二是不注意饮食卫生致病的,三是遗传基因致弱致残的,四是精神受到压抑或伤害导致失去生理协调的。人处于身体安全时,一般不大考虑失去健康时的心态。所以,这里只分析那些失去健康的人的心理状态,意外受到外力伤害致残的人的心理状态。对于一个健康的人,发现自己一夜之间变成了缺胳膊或少腿或面部受到毁容,无论如何是受不了的。他们心理的创伤难以用语言抚平,面对的是黑暗的天空,没有勇气面对生活中的亲朋好友甚至迎面走来的陌生人。他们可能会拿出自己健康时的照片,无言的泪水述说内心无比的苦痛。此刻,他们到底需要什么? 如果我们不知道,又怎能去抚平他们伤痛的灵魂? 如果我们只说些安慰的话,比如,坚强点,你至少还活着,张海迪不是一样能成功吗? 作家史铁生不照样能出名吗? 不要灰心,我们都会帮助你的。这样的话,对是对的,但一点不实用,等于隔靴挠痒,毫无效果。"

我:"您能举个例子吗?"

觉明:"以汶川大地震为例。2008 年 5 月 12 日汶川大地震后,全国有关社工志愿者队伍从四面八方涌向都江堰,他们带着热情和关怀,带着急切的心愿奔赴灾区。然而,他们并不知道,那些失去亲人和受灾致残的人们,此时并不需要社工志愿者高超的心理治疗技术,人们需要的是面对,面对残酷的现实的心理暗示——灾区所有的人,都和自己一样,有的已经死亡,有的比自己伤得更严重。受灾的他们需要让伤痛以泪水的形式在时间里慢慢流淌,从而让伤痛尽情地发泄出来。因为,他们的心理实在承受不了如此巨大的悲痛。面对个人和家庭的灾难,一般人要经过四个阶段:一是怀疑,二是比较,三是接受,四是适应。当遭遇不幸时,首先是怀疑。这件事怎么会轮到我的头上? 这是不是在做梦? 有的甚至精神恍惚,暂时性失去社会认知。接下来的是比较。遭遇同样灾难的人,是不是有的比自己还严重? 是不是自己还算是幸运的人? 人很奇怪,虽然残酷改变不了自己的现实状况,但是却可以用别人更为严重的后果来作为安慰自己的一剂良药。第三是接受。这真是没办法的事,轮到自己的头上了,也就认了吧,这辈子自己不幸。自怨自艾中,肯定自己不是做梦,承认自己遭遇的灾难无法抗拒。第四是适应。经过一个阶段的反复求证和治疗适应,加上自我调理和亲朋的安慰和关怀,基本能适应社会生活。"

我:"听您这样一说,我倒也想起了我的一个朋友。我的这位朋友是建筑工人,不小心从三楼摔下导致腿部受伤致残。他的家人让我去安慰他,说在必要的时候做做他的思想工作。当朋友得知自己的右腿将要留下终身残疾的消息时,他所表现出的呆滞的目光,只有他自己才能感受到那种天塌下来的感觉。这种感觉,身体健全的人不能体会,也无法体验。这种感觉带来的内心苦痛,无法表达,也无法排解。病房里,我看到清醒过来的他,几次努力,试图让自己的右腿能像往常一样灵活运动。遗憾的是,努力的结果令他失望至极。自始至终,我一句话也没说,只是默默地看着他,适时地为他送上一杯水。一个星期后,我又去医院看望他。他一扫几天前的失落,以轻松的口吻对我说:'你看看门口的那个人,出了车祸,两条整腿都没了。'我问他:'那你这条腿会影响正常走路吗?'他说:'肯定会影响啦,医生说,我今后走路要一瘸一拐的了,没办法了,下半辈子就这样了。'半年后,我再次见到他时,他正开心地和儿子在一起玩,好像根本就没这件事了。从上述几个阶段分析,遭遇不幸的人在第三或第四阶段进行社工干预,才是最佳时机。"

觉明:"是啊,无知的热情并不能达到关怀的实际效果,倒不如让他们自己安静下来,从周围的环境中,慢慢地梳理内心的秩序。如果让受伤害的人,看到不如自己状态的人,他们的心理会得到一些缓解。了解了,信任了,才会理解;理解了,对症治疗,才能有效。当然,我们可以对那些受了伤害的人给一些适当的温暖,让他们看到希望和力量,而不是强迫他们无奈地接受。"

我:"对于饮食,我始终认为与健康有着直接的关系。您说呢?"

觉明:"中国人的饮食口味是,南甜北咸,东酸西辣。对于个人来说,饮食完全是习惯和感觉。不管怎么说,有几个问题还是值得我们注意的:当我们生病住院时,面对平日里喜欢吃的饭菜却毫无胃口;想到朋友同事旅游欣赏祖国大好河山时却羡慕不已;整日闻着不舒服的消毒水味道却又无法离开;想到自己想做某件事却无能为力。这些,是不是让我们内心有种焦急的感觉?在许多人看来,'不干不净,吃了没病'。甚至还有一个很说得通的理由,你看那些捡垃圾的人,他们每天接触脏兮兮的东西,也从不生病。他们反过来认为,过分讲究卫生的人,反而免疫能力下降,一不小心就感冒生病。我们不妨分析一下,有的人怎么吃、怎么抽烟、怎么喝、怎么玩,他的体质就是好,有的人还长寿,这可能是他的基因好,即使糟蹋,余下的也比那些体质不好的人强。就像有的人很有钱,可以随便花钱,花剩下的也比穷人钱多,所谓瘦死的骆驼比马大。有的人平日里小心翼翼,不喝酒,不抽烟,早睡觉,生活有规律,处处很讲究,可他还是会生病甚至早早地去世了,这可能是他的基因不好,但在努力的情况下，已经适当地延长了寿命。如果他不讲究吃、喝、抽、睡，他很有可能更早地去世。同样如此，对于穷人来说，你不能说，你看看，他舍不得花钱照样也不是个穷鬼？穷人本来就没有很多的钱，如果再大手大脚地花，岂不囊中羞涩，家徒四壁；反过来，如果能省的则省，能不花的就不花，总比大手大脚乱花钱要好过一些吧。饮食形式，对传染有直接关系。比如说，分餐饮食，可以避免筷子上的唾液接触，那是看不见却存在的传染源。就是这些看不见的传染源，让人在无意识中感染生病。如果实行分餐饮食，就能切断传播途径。这里，还有个"亲人误区效应"。中国人总这样错误认为，我们是一家人，哪能穷讲究呢？就是这些不讲究的亲人效应，家人长期混合饮食，病菌也在各自的身体里无声地培育着。更为无知的是，我们还不知道这病是怎么来的。所以，对于集体大团圆的共餐制，虽然表面上看是热闹、有气氛，但对身体却是有害无益的。"

　　我："那我们如何来梳理自己的身体状态呢？"

　　觉明："只有病了，才会反思自己到底哪里出了问题。人，一旦思考，经过梳理，问题就找到源头了。讲究卫生和生活消费是同一个道理。了解了这个道理，就知道怎么饮食，知道怎么消费了。饮食导致身体不适，一般人会轻微地叹气——真是没办法的事，那就休息两天吧。要知道，身体不适，总会给人带来一种精神和思想上的微妙变化，在此情境下，通常会出现四种情况：一是安心疗养，借此好好休息。二是认为身体并无大恙，没什么关系，不影响健康，依然工作。三是借题发挥，情绪得不到控制。四是掌握别人不会和病人计较的心理，对一些看不顺眼的人和事，发表自己的想法。无论如何，身体病了，由于身体状态的变化，精神和思想也会随之变化，即远离了正常心态。轻者，需要关心呵护；重者，可能会心理失衡。病轻则心态变化轻，病重则心态变化大。能否调节调整，从一定程度上反映出一个人的人格、个性、生命态度、生活方式。饮食不洁致病的人，通常情况下，心理不会发生明显的大的波动。但是，不明显不代表没有变化，恰恰是这些不明显的变化，就是一个人的生活态度、工作的基本态度、待人的胸怀标准的具体折射。对于先天遗传疾病的孩子，在他们看来，一出生就是这个样子，多数情况下不会有失衡的心理。他们在父母的教育引导下，认为这是没有办法改变的事实，便不会影响正常生活和学习。虽然在就学读书期间,偶尔会遭受同学的歧视或取笑,但心理接受能力要远远大于后天致残的人。对于父母亲来说,先天致残的孩子,最初会给他们带来伤痛,但在一定时间后,尤其是父母的积极引导,给予孩子阳光和力量,长大后很有可能在某个领域取得令人羡慕的成就。"

我:"听您这样一分析,倒是让我想到了两个生活中亲眼所见的盲人的例子。有一次我在上海图书馆查阅资料时,遇到一位盲人扶着墙壁去还资料,眼看他就要踩到脚下的花盆,我便主动提醒他,门就在他的右手边。起先他没理我。我看着他走路那么费劲,又轻声提醒他一次。没想到,他显得很不耐烦地对我说,你看你的书,不关你的事。听了他的话,当时我的心里有种说不出的滋味。另一次在乌鲁木齐南路遇到一位盲人,我提醒他在正前方一米处有障碍物,让他绕道行走,他很客气地谢谢我。事后,我还自责,当时我应该扶他过去,以免他因看不见走路而小心翼翼。"

觉明:"其实,对于盲人来说,他们的心理也不一定是我们所想象的'别人主动帮忙会伤害他们的自尊心'那样。就是身体健康的人,同样也有类似的心理。每个人的性格特点、知识结构、价值取向、处事习惯等各不相同,对于别人的主动帮忙固然反应有别。我们常常会以自己的心态去考虑别人的心态,以自己的需要考虑别人的需要,以自己的行为方式考虑别人的行为方式。应该怎么样,觉得怎么样,绝对怎么样,不可能怎么样,好像怎么样,这些想当然的后果,就是导致我们好事没做好的直接原因。先天或其他原因致弱致残的人,经过社会适应后,一般都可以从事社会实践劳动,有的在岗位上取得卓越的成就,获得社会给予的荣誉。对于这一群体的人,身体健全的人应该给予更多的关心和鼓励。从这个意义上讲,当你面对一个与自己意见相左的残疾人时,你的灵魂深处是否会冒出用过激的方式来伤害对方的想法。如果有,你的修养还需要提高;如果没有,你可以欣喜地告诉自己,我已经是个有修养且健康的人了。"

我:"精神受到压抑或伤害导致失去生理协调的人的心理状态会是怎样的呢?"

觉明："精神受到伤害，主要有两种情况：一是长期处于紧张而不能得到缓解的工作环境，长期做自己不擅长或心理抵触的工作，心理势必引起强烈的反抗情绪，并寻求机会自我释放。处于这样的精神状态，已经濒临心理疾病的边缘。二是情感失衡中的过激表现，比如失去理智，听不进任何人的劝导，时而恸哭不止，时而无端地以体罚自己的行为进行排解，严重的甚至放弃自己的宝贵生命，并在此过程中不断地寻问自己：我把自己最宝贵的情感和身体都给了他，他是我情感里唯一的精神寄托，没有了这份情感，生命已经没有了任何意义；怎么会轮到我的头上呢？他肯定是在和我开玩笑，我也没有做错什么事，为了这份情感，我没有和任何一个异性联系，甚至放弃了自己最喜欢的兴趣爱好；不行，我要找他的麻烦，我不能就这么轻易地答应了，让我不好过，我也一定不会让他那么好过，想这么简单地分手，一定是他喜新厌旧，我要报复他！过激行为，不听劝解，失去理智，加以报复，是精神受到伤害时最明显的心理状态。对于这样的心理状态的人，只有通过'热身运动'，并在一定长的时间里，才能慢慢调整过来。比如旅游、游泳、跑步、跳舞等身体运动的行为。人在出汗时，可以达到排解烦恼忧愁的作用。另外，通过'找回远去的爱好'，也可以缓解郁结的状态。比如参加心理、声乐、器乐、外语、书法、绘画等辅导班，一定程度上也可以帮助排解。

我："您相信生活有拐弯的地方吗？"

觉明："前面讲的两个人的关系，就涉及生活拐弯的问题。在这个世界上，没有谁离开谁不能过的生活。说不定结束了两个人的感情之后，真正的幸福才会到来。幸福就在前方拐弯处。达尔文认为，没有任何生物能够体验'爱、强烈的信赖感、崇敬、感激以及对未来的希望'如此复杂的一些感情。我们把目标对准了人。正是人，才生活在信仰中；正是人，才探求作为信仰所阐释的宗教。信仰的现象，只有在人当中才能得以表现。虽然，有的人有信仰，有的人没有信仰。对于人本身——我们到底是谁？从最古老的时候，人们就开始在力求认识自己，但也肯定，这是一件极为困难的事。按理说，每个人应该最了解的就是自己，因为再也没有什么东西能让人最能接近自己的了。然而，正因为太（或过分）接近自己，却反而最不了解自己。于是，我们得出了这样一个结论：在生存中最接近的东西,也许正是在理解中最遥远的东西。比如,我们常常会遇到这样的现象,'天啦,我竟然敢说出那样的话来?''简直不敢相信,我怎么能做出那样的事情来?'显然,这些话或事都是自己说出或做出来的,但却超乎自己的想象的可能性——事先你并不想这样说或做,但你说出或做出来了——违背了你的个人的意愿的结果——你能了解自己的行为吗?"

我:"也许每个人的内心深处都隐藏着一种潜在的力量。这种力量是超自然的、你是无法掌控的,但这种力量在一定范围内具有约束力。这种力量——出于你的自尊和大胆而导致的结果——从某种意义上来说,也是你个人的自由意志的体现。康德说,自由,不是你想做什么就什么,而是你有能力不做你不愿做的事。您说是吗?"

觉明:"所有问题,都会涉及情感问题。我们再回到情感层面上来,当你面对一个情感失衡的人,你不要试图劝说安慰,也不要说那个人怎样怎样的不好——事实是,效果恰恰相反,因为即使不相爱了,情愿自己恨,也不情愿听别人说自己的爱人如何如何不好。正如自己的淘气的孩子,情愿自己打骂,也不情愿听到别人的指责。对于情感失衡的人,你不要妄想他们掉头走,做原来的自己,只有让他们通过交往,参加社会活动,感受重大事件,获得新的启发,感悟新的思想,才能像一个孩子不能转身只能不由自主地爬出那个束缚身体的水泥管一样,重新看到生活的希望和阳光。"

我:"我明白了。那再请您说说职业安全吧。"

觉明:"在中国,职业决定了一个人的工作环境和工资收入。所以,职业选择也从一定程度上决定了一个人的知识储备和工作能力。比如,本科以上学历的人,在适龄情况下可以考公务员,有机会留在政府机关工作。在政府机关工作,环境干净整洁,收入稳定,没有风险,甚至收入还会高于同等学历的不在事业单位工作的人。若在北美,情况就不一样了。学历高的人,可在舒适的办公室里上班,但收入却没有学历低、工作在室外的一般工人高。他们强调的是心理平衡关系:在舒适的办公室里工作,风吹不到,雨淋不着,那么福利收入就要低一点;在室外恶劣的环境下工作,风吹、日晒、雨淋,那么福利收入就要高一点。

我:"影响职业安全会有几种情况呢?"

觉明:"一是竞争关系。《新闻周刊》和《华盛顿邮报》曾批判过美国一档热播近十年的求职真人秀《学徒》栏目,说这档节目在某些环节上的残酷性,认为宣扬了职场的负能量,但这档节目对美国商界却是意义深远的,它可以让一个普通员工连跳五十级,鼓舞了美国年轻人创业创富的兴致,弘扬了机会面前人人平等和尊重才能的职场价值。优胜劣汰,是竞争的残酷结果,但体现了公平关系。美国的办公室文化,主要体现在四个方面:① 不要参与拉帮结派,不要在同事之间发展朋友,不要与领导走得太近;② 不议论同事,不打听领导和同事的私事;③ 不把情绪带到单位,也不把情绪带回家;④ 懂得生活,学会享受。有竞争的地方,意味着被淘汰的可能。相比之下,手捧铁饭碗的单位,如果没有透明的工作纪律和考核机制,就为闲聊扯淡创造了机会。二是领导关系(这里以企业文化为例)。一个员工如果长期得不到领导的赏识,要么得不到提拔,要么面临被辞的危险。员工对于领导,业务做得好,又看得顺眼,听得顺耳,会讲领导喜欢听的话,会做领导喜欢做的事,适当时机,还有会顺风使舵、见缝插针的本领,领导肯定高兴,你就等着犒赏吧。如果你业务很强,但总是不听领导的话,或者说你的业务水平很一般,业绩总是上不去,那么你就准备卷铺盖走人吧。"

我:"对于同事关系,我觉得是一个极难的事,您说是吗?"

觉明:"同事关系很复杂,也很敏感。大致有三种现象:① 相处甚密。如果两个人同是中层干部,很少相处到底的。因为,他们会面临工作中职务提拔竞争的机会。凡遇到此类事,两个人的关系会发生微妙的变化,虽然表面上仍然装着若无其事无所谓的样子。每个人的心里都打着一把小算盘,有过分者,还会在一些场合相互拆台,相互诋毁。如果两个人都是普通员工,有共同喜好,不存在竞争上岗的情况,特别是在适当的时机,善意吹捧一下,搞活气氛,有时还能相互帮助关心,有可能愉快地相处到退休。如果两个人当中一个是中层干部一个是普通员工,如果在公众场合下,两个人能处理好关系,避免尴尬的事发生,两个人的关系也可以相处得很好;如果不注意场合,因为熟悉开玩笑过甚,有可能会伤害其中一方,关系必会受到伤害,两个人的心里也会从此蒙上一层阴影。

② 相处尴尬。同在一个单位工作,有时难免会发生争执或情绪。由于每个人的性格和处事方式不同,对争执和情绪的心理反应也自然有别。如果不能即时消除心结,尴尬的心理会伴随着时间的积累,两个人的内心距离也会越来越远。中国有句古语:抬头不见低头见。每天相见,彼此无语,心里的那份别扭难以表达。所以,多数人都会避免这样的事发生,以给自己营造一份宽松自在的工作环境而放弃不必要的争执。争执,起先为问题的真理而争,后来为自己的面子而争。通常情况下,争执不会有结果。如果有,那就是两个人的尴尬局面,而不是问题解决的本身。③ 相处平淡。综上所述,相处甚密和相处尴尬都伴有一定的危险性和暂时性,相比之下,相处平淡倒是显得安全舒适。相处平淡的好处是:可以不在乎任何人的心情和表情,不会刻意地呼应哪一个人的话,想埋头看书就看书,想安静思考就思考,偶尔和同事搭上一两句话,不会牵涉自己的精力和时间,不会被同事牵着耳朵听。同时,还会给领导留下一个安静平和、不争不抢的好印象。待人平淡,自由但不孤独,是最理想的关系状态。"

我:"环境关系,会直接影响到一个人在工作时的心境。您是如何看待这个问题的呢?"

觉明:"环境决定一个人的工作心情和动力。人事环境,指的是一个单位的工作作风、组织作风、思想作风。一个作风正派的人,如果到了一个勾心斗角、人浮于事、纪律松散的单位,一方面会影响工作情绪,另一方面还会影响工作质量。这样的单位,留下的是闲谈人非的庸才,走掉的是有所作为的人才。《今日早报》有一篇评论这样写道:——'扑克门'折射某些机关人浮于事。某经济开发区管委会节后第一天上班发生的'扑克门'事件,昨天终于水落石出。经该市纪委、监察局、机关效能监察投诉中心等部门及时介入调查,查实上班时间在机关打牌的是开发区规划建设分局局长黄某、开发区国土资源分局副局长王某、开发区管委会下属的某公司聘用人员蒋某和卓某。本来,既然被当地媒体暗访基层机关工作作风时查到了,虚心接受、表示改过,也许这事不至于那么严重,至少不会发展到'一波未平、一波又起'的地步。此事恶劣之处在于,两位身为打牌当事人的正、副局长,居然让某公司的两名员工来顶包,妄图在联合调查组面前蒙混过关。更为恶劣的是,面对调查和采访,管委会党委书记兼主任张某竟然当众撒谎,称没有管委会的工作人员参与打牌,打牌的人是某公司的企业员工。这到底是张书记'调查失误',还是想躲猫猫包庇下属?难道张书记忘了某公司早在2006年就被工商吊销执照了?幸亏,该市市委、市政府主要领导重视,马上作出批示,由纪委、监察局牵头,会同组织、人事、公安等部门成立联合调查组。调查工作富有成效,同时,我们也欣慰地看到来自网民的监督力量,温州某论坛当天就有知情人爆料:'前天在某管委会小矮屋赌博的人员中,有两名是正、副局长,管委会主任公然撒谎。'从中可见,干了坏事,想要躲猫猫是躲不过去的,其结果只会越遮越丑。现在,事实真相已经调查清楚,公众期待有关部门对'扑克门'事件作出严肃处理。像不少网民一样,倒是有点同情两名临时聘用人员,春节后上班第一天就遭遇砸了饭碗这样的'杯具'。公众更关心的是:两位停职检查的局长大人的饭碗,也会这样轻易地被砸了吗?其实,如果按公平、公正、人人平等的原则,首先丢饭碗的应该是这两个局长。试想,局长令员工打牌,哪个员工敢不凑趣?更何况身为'临时聘用人员',即使内心不想打牌也只能屈从。'扑克门'事件也从一个侧面折射出一些政府机关人浮于事、纪律松散等弊端。有道是一年之计在于春,春节后第一天上班本该以全新的精神面貌和端正的工作态度恪尽职守,领导干部更应该垂范,要全身心投入加快当地经济发展方式转变的大事上去,要有一种责任感和紧迫感,岂容'扑克局长'这样,好像还沉溺在节日长假里。看来,各地的基层工作作风都该狠狠抓一抓了。(该报评论员　王国荣)"

　　我:"我对办公环境是极为敏感的。比如,办公室内抽烟、室内装饰材料的污染、电脑等有辐射的电子设备、办公室周围的空气或玻璃窗光反射污染等,也直接影响到职业的长久性。若长期工作在有污染的环境中,待遇再好也留不住人。这里,以一篇报道为例:盛夏到来,持续不断的闷热天气让人难熬,可是更加令人头痛的还有室内空气严重污染对人体的伤害。记者从中国室内装饰协会室内环境监测委员会了解到,近期,针对室内环境方面的投诉和咨询电话明显增多,要求进行室内环境检测的房主也排起了队,投诉的主要问题集中在写字楼里面的氨气难闻,装修好的新房和新买的家具气味刺眼,污染严重。夏季室内空气污染甚为严重。中国室内装饰协会室内环境监测工作委员会宋广生主任分析了夏季室内空气污染危害更为严重的原因。一方面,夏季酷热,住户普遍使用空调,并将房间的门窗封闭,造成室内空气换气率低。同时,在夏季温度高和湿度大的情况下,由于建筑、装饰装修和家具造成的室内甲醛、氨、苯等有毒有害气体释放量增加。研究证明,室内温度在摄氏30度时,室内有毒有害气体释放量最高。另一方面,研究表明,气温高的时候,人体的血管扩张,血液的黏稠度增加,老人、病人、孕妇、儿童和体质差的人本身身体的抵抗能力和耐热能力较差,再加上室内空气中的各种化学性污染物质的侵害,更容易对人体造成伤害,加剧心血管病人的病症。"

觉明:"显然,工作环境从一定程度上影响了员工的工作热情和责任态度。环境安全,实质上反映两种现象:我需要你,我得做好;你需要我,你得做好。选择提供了择优的机会,同时也体现了需求和被需求的自信差异。"

我:"您能再谈谈情感安全吗?"

觉明:"每个人都有资格与情感对话,每个人又都没有资格给情感作最后的准确定义。情感是人的心灵深处特有的自我需求,唯一不同的是,每个人对各自的情感需求不同罢了。"

我:"您是说,情感安全取决于自身对情感的责任及态度?"

觉明:"是的。责任决定了情感的远近;态度决定了情感的宽窄。谁都没有权力去评判另一个人的情感错对。"

真谛和俗谛

我："作为哲学、科学和宗教，都不应该回避作为宇宙的意志所体现的真理。您赞同这样的说法吗？"

觉明："释迦牟尼的思想，就一再强调'凡是组合的事物都必将腐化，所以，勤劳地实践我们自己的救赎'。真理放之四海而皆准，它是自然界用特定的方式来体现宇宙的意志和力量。真理即客观事实地反映自然界中一切事物的发生、发展、灭亡规律的真谛。你知道与真谛匹敌的是什么吗？"

我："这个我倒还没思考过呢。但我知道，真谛是人在生活、生命中感悟到的事实的意义且永恒存在的道理。还有什么能与真谛匹敌的吗？"

觉明："一个民族在宗族社会、一个家族在家教伦理中继承下来的习俗和家风所遵循的规矩和礼仪，以及社会交往中长期形成的几乎被所有人默认的社会规则，这些由人际关系自主生成的社会情理规则的力量极其强大，对于出家人来说称为'俗谛'。"

我："我还是第一次听说'俗谛'这个词，能请您给我详细解释一下吗？"

觉明："我国古时，君要臣死臣不得不死，父要子亡子不得不亡。儿女婚姻，都是由父母做主，经媒人介绍。所谓父母之命，媒妁之言。再比如当今社会，请客吃饭，非要让客人不醉不归才算尽意；请人帮忙前非要礼到才能安心；与人交往非得恭维不敢实话实说；子女结婚为了场面和情面不惜血本；用感情和道德绑架法律和秩序；好听的假话总比难听的真话要受到欢迎；父母为了自己的虚荣将所有的压力都强加到孩子身上……类似这样的事情还有很多很多。我这样说，你能明白吗？"

这倒让我想到了我和一位朋友的对话——

他说："你知道的，我和妻子一直分居生活。我在外忙于生意,很多时候很难回家一趟。很多年以来,她对我的态度始终都是那种不冷不热、爱理不理的。"

我说:"可能有一种埋怨吧?"

他说:"这点我能理解,所以,我除了给她钱外,还一直保持对她的忠诚。"

我问:"你能做到这点,真是不容易。毕竟,你是常年在外啊。"

他说:"结婚十年,她一直都是那样待我,我有点受不了。你也知道我的性格,我决定冷落她。"

我问:"你是怎样冷落她的呢?"

他说:"结婚十年,她待我不冷不热,我也待她十年不冷不热。"

我说:"你是男人,应该大度一点,毕竟你常年不在家,她带着一个孩子很辛苦的。"

他说:"正因为考虑她一个人带孩子辛苦,所以,我始终洁身自好。"

我问:"那后来呢?"

他说:"她见我回家后不再像以前那样向她表示出热情了,就开始怀疑我在外面有女人了。"

我说:"这也是正常的心理反应吧。"

他说:"我跟她说过了,她怎样待我,我也会怎样对她。"

我问:"那她能接受吗?"

他说:"她不是接受和不接受的问题,而是从那时开始对我进行了各种各样的侦察行为。"

我问:"那她找到证据了吗?"

他说:"我根本就没有做,她到哪里去找啊。"

我问:"她相信你了吗?"

他说:"你不了解女人,她一旦对你产生了怀疑,就一定不遗余力地去找证据,直到让自己心服口服。"

我问:"那你的家人一定支持你吧?"

他说:"这就是我要说是她的本事了。"

我问:"怎么讲?"

他说:"她有几个特点,你听了之后,也会钦佩她的能力。正因如此,我的家人都站在她的一边,成为她的坚强后盾。而全家人都没人相信我,就连姐姐打来电话,说是关心我,其实把我训得狗血喷头。"

我说:"看来你受了不少委屈。你慢慢讲,我用心听。"

他说:"她以她的办法,获得了我们全家人的同情、理解和支持。不要说家里人,就连我都'佩服'她。一是她平时省吃俭用,从不乱花钱。二是凡我的家人或朋友找她帮忙的,她二话不说,不但帮忙,而且帮得让你满心欢喜。三是工作上连年先进,业务做得特别好。你听听,她哪样不好?"

我说:"你所说的这些,都是除你之外她对别人的好,但与你没有直接关系。同样,一个人的工作能力强和省吃俭用,与两个人之间的感情没有直接的关系。再者,如果她对你好,即便她的工作不强或者喜欢消费,我指的是在能力范围内消费的话,再或者,即使她对你的全家人都不好,只要对你好,相信你也一定喜欢她;相反,如果她对你不好,即使她对你全家人都好,各方面能力再强,那也没辙。我这样说,你同意吗?"

他说:"(表示出从未有过的那种惊讶)这可是我这么多年来听到的第一个与我心灵相切的观点呢。"

我说:"其实,你们之间就是屠格涅夫和都德的另一种关系的表现。我这样说,你能理解吗?"

他说:"(突然表示出惊喜的表情)一码归一码,真是哲学的概念呢。可惜的是,很多人都会把不相关的事捆绑在一起,并总以传统的思维和观念硬生生地伤害着逻辑关系,实质上完全乱了人性在情感和工作以及生活中的秩序。"

我说:"我完全赞同你的观点。很多人把生活中的所有事,都归结为生活里的一件事来对待。当他们把所有事都归结为一件事来对待的时候,也就完全失去了秩序,其结果就是,人多力量大,人多就是理。而这样的结果,恰恰隐藏了真理表达的真实力量。"

觉明:"对头,人多力量大,人多就是理。这个理,就是俗理,这种人生道理就是俗谛。"

我:"我能不能把一个民族的习俗和一个家族的家风理解为'非物质文化遗产'?"

觉明:"哈哈哈,一个人如何理解这个世界,如何理解生命中的生活观念,完全是个人的事。正因为理解是个人对宇宙和世界的观念,所以,人生观才会因人而异。"

我:"作为一个人,在社会生活中要想获得健康的身心环境,那要如何来面对生活中各种各样的人和事呢?"

觉明:"至少要做到两点:一是明白自己的人生观。换句话说,就是你要有个人的追求,即人生目标。这样,活着才充实,不至于生活因乏味或毫无方向感而心生无聊和空虚。二是要理性地看待别人的生活状态。别人是别人,只要别人不做违法违规的事,只要别人在做那些事的同时不影响到你的精神和利益,你就要学会接受,学会看得惯,所谓人各有志,生活有异,大千世界无奇不有。如果你看不惯而影响到自己的心情,除了正义感之外,那完全就是你的问题了。"

我:"提到'看不惯'这个话题,又让我想到了社会上一些人的不文明现象,比如不顾自己生命危险乱穿马路。想到以前看过一篇文章,说上海的一个男孩在日本谈了一个日本女孩。有一天,两个人在准备过马路时,男孩看两边没有车辆就下意识地闯了红灯,而女孩却站在原地。男孩的举动被女孩理解为一个如果对自己的生命都不负责的人,又怎么能去爱他的爱人呢? 女孩从此远离了男孩。男孩回到上海后,不久谈了一个上海女孩。同样,有一天两个人逛街过马路时,女孩看了看路两边没有车辆行驶,就向马路对面跑了过去。当她站在马路对面回过头来看男孩时,男孩还立在原地。女孩心想,这样呆头呆脑的男人,哪里值得自己去爱呢?结果,女孩远离了男孩。我们可以不去理会这个故事的真实性,但有一点是可以肯定的,就是一个内心有序的人,当他知道哪些事可以做哪些事不可以去做时,是不太可能受身边环境左右或影响的。这样的人,才是真正把握人生真谛的人。在我看来,任何一个国家的社会文明都需要代价和时间的。不说远的,就拿上海来说吧。近来,我看到交通警察已对行人乱穿马路、助动车闯红灯现象狠下管制力度。相信在不久的将来,这种乱穿乱闯马路的不文明现象就能得到有效管理并能见效显著。可见,只要国家真下力气,以法律为依据,哪有做不到的事情呢?"

觉明:"在俗谛与真谛并存的社会里,恰恰就是检验一个人是否讲原则最有力的证明。而直接影响原则的通常有三个方面:一是习惯,二是情面,三是利益。对于习惯,只要不影响他人感觉、不违背人性道德都是可以接受和理解的。而对于情面,亲情是最难过的一个关。对于利益,有人在意色,有人在意钱,有人在意权。这三者就是俗谛力量集中的体现。"

我:"虽说很多时候俗谛的力量很强大,强大到足以通过外在的形式检验到一个人人性自主的决定性,但我相信,从事物的相生相克的规律来看,一定有解决的办法。您说是吗?"

觉明:"人性的欲望,决定了需求和满足给人带来冒险的精神和力量。之所以真谛被少数人认知,俗谛被多数人拥有的道理,主要源于代价总是滞后于享受的特点所决定。如果我们看到了因与果的关系和内核,就会警醒自己的言行,从而回避因满足和虚荣而付出代价的降临。"

第五次对话

愿望是不是另一种欲望
愿望与现实的差距
愿望与实现的关系
别人的境界与你没关系
任何人都不可能是全才
不贵子见地，只贵子行履

愿望是不是另一种欲望

9月,只要微微地落一阵雨,哪怕很小,气温也会令人惬意。对于生活在四季分明、日照充分的亚热带季风气候的地区的人来说,秋天简直就是一年中的人间天堂。对我来说,这个开学的季节也是令我热切盼望再次走近觉明法师的时间。在我与觉明法师见面的路上,我的脑海里忽然飘出一个朋友家里发生的一件事。

朋友是一位小学老师。在他女儿准备入学前,他和妻子开始为择重点学校购买学区房一事伤透了脑筋。那段日子里,夫妻俩的生活被女儿的入学搞得很糟糕,时常因意见不统一而闹情绪。后来,国家允许生二孩政策,他们决定再要一个孩子,最好是儿子,这样儿女就双全了。果然如所愿,妻子生下了儿子,而且是一卵双胎。夫妻俩高兴得不得了。可八个月后,他们发现小儿子有点不对劲,八个月竟然还坐不起来。经医生诊断,小儿子患了脑瘫。夫妻俩到处求医问药,最后得出的结论是,还是到康复中心去做长期的理疗。朋友说,当他第一次走进那个康复中心的康复场所时,才知道生活中有那么多孩子身体是不健康的。那是个冬日的上午,阳光透过落地窗,暖暖地洒在室内的地板上,可朋友怎么都感觉不到冬日里阳光的热度。后来,小儿子经过五年的康复锻炼,现在情况逐渐好转,已经能慢慢地走路了。朋友动情地跟我说,经过这五年陪伴小儿子的生活经历,他由衷地感叹,一个人的幸福愿望,应该就是身心健康,还有爱。而对于女儿择校一事,再也不提了。

想到朋友遭遇的事,给了我很多的思考。当我们生活在常态时,很难感受到幸福和愿望的关系。而一旦失去生命中最珍贵的东西时,才会深刻地体验到人生中真正的需要。

我:"我觉得,人活着最大的动力之一就是心存愿望。是这样吗?"

觉明:"生命的意义在于实现自身价值,生活的充实在于对人生价值的判断以及对价值行为本身实施的过程。一个人的生活中如果没有美好的愿望，那么他的行为势必都是被动的。就像你说的，动力来自愿望。"

我："一旦对某件事有了动力，那么他的关注力就会形成一个焦点。是这样吗？"

觉明："动力产生的原因，来自内心向往的对象。盼望越切，动力越强；盼望越久，意志越坚。人的力量是无穷的。这无穷的力量，来源于一个人的内心所选择的目标。"

我："能把愿望理解为另一种欲望吗？"

觉明："如果用生物分类系统等级方法（种、属、科、目、纲和门等）来区别它们的话，欲望为种，愿望为属。从这点看，欲望包含着愿望。换句话说，愿望是欲望里的一个分子。欲望里可以有愿望、奢望、盼望、仰望、展望，等等。生命本身就是欲望。"

我："总感觉欲望有些消极色彩，而愿望和仰望还有盼望，总能给人积极正面的感觉。这是为什么呢？"

觉明："欲望之所以给人以消极的感觉，与贪欲、淫欲主动联结导致的结果有关。而愿望、仰望和盼望，常常让人联想到它们与理想和思考有关联。中国汉字的特点之一，就是与语境、语调、神情联姻密切，感情色彩浓厚。很多时候，说话听音造成很多误解也就不足为怪了。"

我："愿望能让人产生动机，动机能让人行动。而行动又往往会产生两种可能性的结果，即事与愿违或实现愿望。我想问您的是，当事与愿违遭受精神挫败时，如何能减少痛苦？"

觉明："当事与愿违时，如果能理性地看待愿望与现实的距离，或者说，能客观地判断愿望与个人际遇的条件差距，就能正确地看待当下的结果。当把这个结果放入整个生命过程中去思考的话，就能判断出这个结果对于个人阶段性的得失程度。人生不如意事十之八九。其实，很多时候，我们的生活就是那八九，而那一二的事，比如金榜题名、提拔晋升、赚金满钵等，生活中并不是常见的。"

我："我有两个朋友，他们各做了一件相同的事，我想听听您对他们所做之事的评估。朋友老张是个政府机关公职人员，他每个月都拿出500元赞助一个江西修水的学生，想帮助这个学生完成学业。六年来，单位同事并不知情。朋友老渊是个卖热水器的生意人，他每个月都拿出1 000元赞助一个安徽金寨的学生，每年寒暑假还带着自己的女儿和妻子去看望那个学生，还要求自己的女儿懂得感受生活的艰难。事隔十年后，朋友老张得到提拔，在任某处室主要负责人时因违规被纪委调查，结果受到党纪处分被降级。朋友老渊生意越来越红火，他不但赞助学生读书，还关心养老院里的老人们。尤其让他欣慰的是，女儿考上了华东理工大学，毕业后还主动要求去安徽支教。我想请教觉明法师，两个朋友起先都在做善事，为何结果不一样呢？"

觉明："结果取决于发心。很多时候，过程总给人以假象，让人分不清是与非，善与恶。但无论如何，过程总是为结果服务的。所以，我们了解一个人，要通过具体事，而且是检验得失的事，还需要长期观察，特别是面对利益时的态度。但很多人的心总是模糊不清的，跟风跑现象很严重，看人家仰望天空，自己也跟着抬起头。听别人说他是好人，就毫不设防地给对方掏心掏肺；听别人说他是讨便宜的人，立马就远离对方。凡不能独立思考的人，或缺乏思考的人，最好要保持清醒的头脑。凡失去自我的人，多是将愿望寄托于别人的人。不能通过自己的判断和努力的人，便是不太可能获得自己愿望的人。从另一种意义上说，没有思想的人，个人的愿望就是一种不为人知的欲望。"

愿望与现实的差距

生活给人以美好的盼望,无疑是通过一番努力之后实现美好的理想。有时候,虽然我们努力之后并没有获得那份美好,但人间的真情同样让人感受到那个无望之果也能给人以对生命的深刻感怀。

我:"一位年轻的朋友前些日子对我说起他的家事:他的母亲被检查出白血病,全家人的天塌下来了。他的母亲还不到50岁。医生明确了治疗的方案,只有通过移植骨髓才能得以救治病人。为了挽救他母亲的生命,他的舅舅和三个阿姨在医院做了血检。结果是他的四姨符合了配对移植条件。配对骨髓移植要求双方的体重必须差不多,可他母亲的体重只有98斤,而他四姨的体重是145斤。为了给他母亲尽早手术,他的四姨每天晚上不吃饭,希望尽快瘦到100斤。整整九个月,他四姨的体重终于降下来了。手术前,医生征求四姨意见,说可能成功率是零,而且对四姨的身体可能也会有一定的影响,还捐献吗?面对姐姐的生命,四姨毅然点头表示手术。当看着瘦了几圈的四姨和他的母亲一起被推进手术室时,姐妹情深的含义在他的泪水里得到了验证。术后半个月,他四姨明显感觉不能长时间地站立,时常感到腰酸,而朋友的母亲在骨髓移植一年后还是去世了。这位年轻的朋友还说,他现在就把四姨当作自己的母亲一样来爱。"

觉明:"很多时候,主动放弃是一件很难的事。虽然努力之后没有成功,至少也不留下遗憾。所谓尽人事,听天命。"

我:"我不能理解的是,明知成功率是零,明知对捐献者本人也有一定的风险,为什么还要去努力?这毕竟是直接影响到生活质量的一件大事啊。"

觉明:"真情的力量感染,我们是无法用常规的思维来判断和理解的。就像舍己救人,宁愿牺牲自己的生命,也要去救别人的生命,这就是民族的道义和英雄的本色。"

我："我的意思是，我们的努力要有价值和意义，而不是毫无结果。"

觉明："谁说那个四姨的付出是毫无价值和意义的？她用她的付出，已塑造出一种精神，就像英雄精神一样。人间因为有了真情，所以生活才有了温暖如春；国家因为有了英雄，所以人民才有了民族情怀。每一种精神的塑造，都是以个人的牺牲作为代价的，就像每一个文明，都是以惩罚和社会制约慢慢形成的一样。"

愿望与实现的关系

我:"愿望与付出的时间有关系吗?"

觉明:"实现愿望,固然与时间有关系。但你要明白,时间不是唯一的关系。"

我:"如何来理解时间这个概念?"

觉明:"从生命过程来看,时间是人为设定的一条看不见的线,从生命诞生到结束,由始至终。从一天来说,时间又是人们心目中的一个圆,日出到日落,周而复始。从一年来看,由春至冬,一年四季,年年如此。对于愿望的实现,个人付出行为的过程,从事物渐进性看,就是不断抵达愿望实现的过程。而时间的意义,也就是不断抵达过程中行为积累的记录而已。"

我:"实现愿望,是不是我付出的精力越多越好?"

觉明:"首先要明确精力与方向的关系。如果方向不对,精力付出多少与愿望实现就毫无关系。比方说,一个驾驶技术娴熟的驾驶员去北方的某个地方,如果他把方向驶向了南方,结果就是,他付出的精力越多,离目标就越远。"

我:"我感觉自己对人生有独到的理解,我能不能主动去帮助别人呢?"

觉明:"每个人的生活经历都不同,社会关系不同,学识不同,甚至身心健康程度也不一样,对人生的理解自然有别。你对自己的人生有独到的理解,其他人又何尝不是呢? 俗话说,各人痛苦各人当,各人生死各人了,各人业报各人受,各人吃饭各人饱。生命是一种自身的体验和感受,你是无法真正能体验别人的感受的,不管是幸福还是痛苦。"

我:"生活和工作中,我时常遇到那些不讲理的人,怎么办?"

觉明:"你认为别人不讲理,别人还认为你不讲理呢。面对同样一个问题,每个人都有自己的站位,不同角度,不同高度,虽然看到的是同一个事物,但结果又怎么能相同呢? 很多人就是在这个问题上生起了烦恼心,总是一味地责怪别人,从不在自己身上找问题。久而久之,就会形成固执的心态。凡以固执心态去看事物,得到的结果无非就是因为别人也有自己的视角、观点而不能调和,最终导致像吵架一样,以极端的情绪表达了远离事物本质的观点。观点不同本身不是问题,但以固执的心态交流,就会让交流者失去了得以继续交流的可能性。"

我: "为什么有的人我们喜欢走近,即使他没有什么大的本事;而有的人即使有很大的本事,我们却要远离他?"

觉明: "这就是缘分在生活中给人的直接感受。好为人师者,说明他和我们没有善缘,所以我们不喜欢走近他。善缘者,应是谦逊者。凡是谦逊的人,我们都喜欢走近他。假使有人认为我们能帮助他而愿意走近我们,那不是我们真正有什么本事,而是因为我们和他有善缘。当我们发现自己很讨厌一个人时,即使他再有本事,我们也不会走近他,就是这个道理。"

我: "如果我以布施作为学修的成果,是不是一种功德呢?"

觉明: "凡事有了执着,就是贪欲的另一种表现,哪怕是布施。如果认为布施就是一种功德,这种想法本身就暗含了索求的因。这就像奉献一样,奉献是心怀无私的品格,否则就有贪图利益的嫌疑。"

别人的境界与你没关系

我："我遇到过很多朋友，他们总会提起自己认识谁谁谁而感到自豪，甚至提及时还觉得自己脸上有光。有一次，一位朋友说起她有美国朋友，也有法国朋友，当然，还有意大利和英国的朋友。当旁边有人对她投去羡慕的眼神时，我看到她的脸上有种喜悦的微光溢出。"

觉明："别人永远是别人。你认识再有本事的人，如果你自己没有本事，有什么意义呢？如果靠沾别人的光来显摆自己，那光，也根本不是你的光。别人也不太可能因为你结识有本事的朋友就对你崇拜。当然，也有那种人，不过是想利用你而已。"

我："有这样心理的人，是出于什么原因呢？"

觉明："虚荣心使然。我也见过一个居士，他和很多大德合过影，还通过他的做人'技术'与很多大德结了缘，收获大德的书法作品。当有居士提及某某大德时，他会以自己和大德有机缘而沾沾自喜，满怀自豪。这类人，常以通过沾大德的光为自己添荣耀，而自己不去刻苦地修学进步，即使他得到大德再多的墨宝，又有何意义呢？最多是生意人而已。"

我："如果结识有名望的人，再以他们为榜样，给自己树立远大目标，这样应该是对的吧？"

觉明："大德有我们值得学习的德行，应该以求学的观念走近他们，而不是以其为荣耀给自己沾光。发心决定前途，努力决定远近。"

我："除了虚荣心，还有其他什么原因吗？"

觉明："如果你是个有本事的人，你还会以别人有本事而在你的朋友面前炫耀吗？"

我："我想，我不太会那样做的。没必要啊。"

觉明："对头，凡是炫耀别人的人，多是自己没本事的人。当然也有例外，那就是至少被炫耀的人和自己不在同一个领域。"

我："做好自己，努力提高自己才是本分。"

觉明："不要做一个崇拜别人的人，要做一个崇拜自己的人。"

任何人都不可能是全才

我："我有一个朋友,感觉他从不知道什么是谦虚,不管我提到什么话题,他都能说出一二三来。他也毫不避讳地说,他懂的比我多。他也说过,伟人从不谦虚。"

觉明："自吹自擂的人,夸夸其谈的人,到处显摆的人,在他们的内心有需要表达的东西。而这些需要表达的东西就是表达者的自我存在的生活感受。他们需要借助于这样的表达,来丰富自己的生活内容。一个人如果对生活失去了表达的意愿,那么他对生活的态度要么是消极的,要么是保持沉默的。当然,对处于思考的人来说,只是在一段时间内不愿意去表达,而并非是对生活本身失去表达的意愿。"

我："生活中我们常听说'半瓶子水到处咣当响',您是如何看待这个问题的呢?"

觉明："古人说,学无止境。在这个世界上,没哪个人是全才。某个领域的专家,也只是指他涉及的那个领域而已。有些人误解了懂、了解和熟练的概念差别。譬如说,对某件事的了解,那你不能说懂。了解,只能说明对某个方面有浅表性的认识。而懂,是对某个事物的原理、构成、剖析之后能重新组合的深度掌握。对于熟悉,应该是介于了解和懂之间的程度。"

我："我曾有这样的一个思考,我们的思考或者说思想,存在于我们的大脑之中,它们有质量吗?"

觉明："有一点可以证明,当我们想的问题多了的时候,我们会感到头昏脑胀,说明我们的大脑里充满了有质量的物质。相反,一个人什么都不去想,脑子里空空的,他就会觉得很轻松。所以,生活中的人们,凡是观念简单的人,就不会感到生活的累和苦,而观念复杂的人,总在意别人的感受,所以活得就很辛苦。"

我："可不可以这样理解,在意别人感受的人,是不是总会表现出他什么都懂?"

觉明："凡事都一分为二,这是辩证唯物的观点。过分在意别人感受的人,他们总会努力提高自己,让自己懂的比别人多一点。在他们看来,只有这样他才有足够的知识在别人面前表达,从而以实现自己在别人眼里是个了不起的人。"

我:"这样的人,是不是心理都脆弱呢?"

觉明:"通常来说,自我塑造'被赞美才体现价值'的人,多是经不起别人否定的人。这就像一个孩子,被大人表扬习惯了,他在心理就形成了自己就是这样的一个处处被表扬的人,一旦有人站在另一个角度批评了他,他就无法认同别人的批评,而表现出愤怒的情绪来。这样心理自我塑造的人,长大后走向社会是很难与人相处的。哪怕是他拥有丰富的知识面,其心理也是不健全的,至少是不适应社会的。"

我:"那如何去培养或者说去健全这方面的问题解决呢?"

觉明:"解决这样的问题,最好从小开始塑造,最好的老师就是孩子的父母。逆境塑造不乏是一个可行的做法。当然,逆境塑造不是说违背常理不讲客观事实地乱塑造,而是经过一些符合健康心理成长的适当的行为去锻炼孩子,经过小小的挫折和挫败,让孩子明白万事万物具有一定规律的道理。尤其是与同伴相处,要让孩子懂得友好互助——每个人都有需要别人帮助的时候。懂得尊重别人——尊重别人,就是为了得到别人的尊重。懂得每个人都有可能做错事——分析做错事的后果、梳理为什么会做错事、今后遇到类似的事如何避免。通过这样循循善诱,潜移默化,引导孩子树立符合大众心理的人生观,将来孩子长大了,就不会有膨胀心理。不管是对家人朋友,还是对他自己,都是有益处的。"

我:"一个缺少教养的人,责任应该在父母,我能这样来理解吗?"

觉明:"应该说,起初源于父母,其次来自老师,最后归于社会。父母是第一任老师,生活习惯、家庭氛围、思想观念等,对孩子的成长起到润物无声的效果。老师是传播知识、塑造理想的园丁,言行举止,倡导精神,对学生来说无疑是憧憬未来的第一道风景。社会教育涉及面广、内容多,我们每个成人都是社会人,单位的制度约束,社会的道德灌输,朋友的圈子文化,对个人都有着直接或间接的影响。所以,国家培养一个人,社会塑造一个人,学校培育一个人,家庭教育一个人,并不是一件简单的事。"

不贵子见地，只贵子行履

我："一个拥有广博知识和见识的人，一般人都会对他生起尊重，您是这样认为的吗？"

觉明："应该从两个方面来看待这个问题：一是对于尊重本身而言。我们每个人都应该得到别人的尊重，当然，前提是我们要尊重每个人。二是如何看待有学识和见识的人。从一般意义上来说，拥有广博知识的人，会通过他们的学识为社会进步发展及提高人们的生活水平提供有效的服务，自然会得到人们的尊重。但也有少数知识分子利用他们的知识为自己牟取不正当的利益而被人们诟病，甚至还有少数知识分子不作为等现象。对于这类知识分子，你会对他们生起尊重吗？再者，如果拥有广博的知识而不作为或乱作为，他们与没有知识或知识有限的人相比，从个人掌握知识程度方面来衡量又有什么区别呢？"

我："那到底如何来衡量一个人呢？"

觉明："衡量一个人，还是要看他对社会和家庭的贡献。作为一个社会人或家庭成员，我们不要盲目地看他懂得多少知识，也不要轻易地听他说去过多少地方见过多少风物景致，而是要看他心里想的是什么，工作和生活中到底在做什么。而且不是通过一两件容易做的事，而是要长期观察，尤其是面对得失取舍的关键时刻的态度。只有在这个关键时刻，才能看出一个人真正的品性和德性。平时遇到无关痛痒的事，谁都能表现出让人感觉豁达大度的一面。"

我："经您这样一说，我倒是想到了一个很现实的故事：我有个朋友，他见识很广，在朋友聚会时，他讲到伏尔加河是如何静静地流淌在广袤的俄罗斯大地上。说到地中海时，描述着夏季和冬季的风如何热烈如何温和。讲到雅典时，说到扑面而来的浓烈而厚重的文化气息，还着重介绍了那些重见天日的陶瓷、雕刻等历代文物，如何静静地躺在雅典市中心的希腊历史文物博物馆里互诉衷肠的情怀。说到塞哥维亚时，强调了西班牙的独特景致，城堡借地势而建，临崖耸立，沿护城河逶迤而行。

朋友是文学博士,上海某大学教授,学识渊博,再加上口才极好,我和朋友们都喜欢听他讲域外的事。后来他创建了自己的文化传媒设计公司。在一次慈善捐赠募集活动中,他的公司员工举着一张很大的捐赠牌子,30万元的大支票清清楚楚,在电视镜头前晃来晃去。结果,时过境迁,慈善捐赠广告打出去了,而捐赠的钱却迟迟没有落实。这件事在朋友圈里传开后,先前那些崇拜他的朋友们也离他而去了。"

觉明:"如果你不了解那个朋友打着旗号假慈善的品格,那么,你至今还会崇拜他拥有丰厚的学识。学识丰厚本身没有问题,有问题的是拥有丰厚学识却发心不正。"

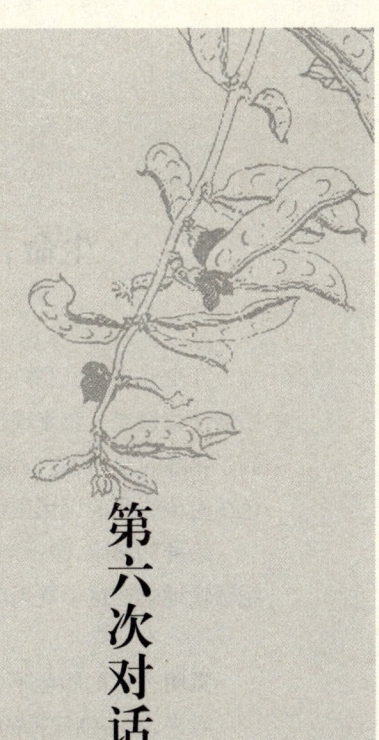

第六次对话

生命,只能如羽翼般呵护
生命中作短暂的沉思
如何面对死亡

生命,不能被自私的爱吞没

几个月来,我已养成了晚上 9 点上床睡觉、早上 5 点起来的习惯。心情还算稳定。我发现自己即使在炎炎夏日,对人也不大会发脾气了。到了霜降时节,我的心境也符合落叶的光影。本来在这个云淡风轻的秋色里应该给我的记忆里留下一份美好,可一件意外的事还是打击了我。

崇拜和攀比,像一剂毒药往往害人于无声处。想到我的一个朋友年纪轻轻地就在这个夏天离开了这个世界。

觉明:"你的脸色不太好嘛,是不是近来没休息好的缘故?"

看来,在心情压抑的情况下,人的面部表情会把心里不愉快的状态毫不掩饰地表现出来。

我:"是的。在这个月里,我的心情比较沉重。"

觉明法师听我这样一说,也不觉惊诧起来,他十分关切地询问我的个人情况。

我叹了口气,喝了口他泡的茶,压抑的心情还没有完全消散,说了二十天前我的一个朋友不幸去世的过程。

我:"就在我从这里回去的一个星期后的一天午后,朋友的父亲给我打来电话,说朋友在工作中突然猝死。我简直不敢相信这个噩耗,特意请了假奔向那个医院。事实上,我的怀疑是不现实的,在我生命的几十年里,还没见过谁误传家人噩耗的。来到那个医院,我见到朋友母亲的身边有好几位亲人在一起抱头痛哭。我的这个朋友还不到 40 岁,按她的话说事业正处于精进状态。我曾以我的观念劝她不要那么拼命,可她却还笑话我,说我不思进取,还说我的生活就是白白浪费美好的时光。很多时候,她得机会就教育我,鼓励我,说我不应该就这样浪费时间,应该利用我的特长写些文章赚些钱。她甚至还推荐几位她所熟悉的企业家,让我采访他们写些文章,还说稿酬不菲呢。我谢过她的好意,却没写过一个企业家的文章。"

觉明:"那你和这位朋友的父亲聊过吗?"

我:"就在前些天,朋友的父亲约我去他们家,聊到朋友的事,我也询问了朋友去世前的一些情况。确切地说,我是先认识朋友的父亲的。朋友性情开朗,待人有什么说什么,说话干脆,从不犹豫不决吞吞吐吐。我有时也会笑话她,怎么一点都不像个女孩子。尤其让我佩服的是,她是个特别孝敬父母的人。后来我才知道,她其实不是父母的亲生女儿。他们的老家在江西万载县,当年她考进了上海师范大学后,父母为了更好地照顾她的生活,夫妻俩就到上海的一家工地上打工。她心疼父母,在学校省吃俭用,双休日回到家里,主动帮着妈妈做家务活。可能是由于非血缘又亲于血缘的缘故,父母与女儿之间多了一层疼爱和报恩的情结。女儿大学毕业后,在一家外企谋了份工作。由于勤快智慧,待人又真诚热情,工作不到三年就提拔为部门副职。我曾对她说过,今后要为他们一家人写篇文章。有一回,她对我说出了她的心思,说要拼命苦几年,将来为她的父母在老家盖上新房子,让抚育她的父母过上幸福的晚年生活。当我把朋友的想法说了之后,坐在我面前的这位憨厚寡言的中年男人不禁失声痛哭起来……"

生命里不能缺爱,但也不能为了爱而丧失了生命。

觉明法师静静地听着我说朋友的故事,丝毫没有打断我的意思。于是,我又想到了我的另一个朋友。

他有一双儿女,女儿在一家日本企业上班,儿子还在读大学。他本人是一家报社的副总编辑。应该说,不管在别人眼里,还是在他本人看来,一家人其乐融融,过着稳定而踏实的生活。有一天,朋友得知他的同事职务升迁的消息后,工作热情消减了不少,在他看来,他的工作做得要比那个同事还要好,怎么提拔没他的份呢? 从那时起,他到市委宣传部到处找关系,还经常与朋友喝酒消愁。两年后,他的职务不但原地踏步,还查出肝脏生了毛病。人很奇怪,一旦身体不适,情绪也会莫名其妙地跟着坏起来。朋友的生活里,从此多了埋怨和气愤。后来,他的病情每况愈下,在不到 50 岁的那年春天离开了人世。他走了,留下了二十几岁的一对儿女,还有刚刚退休的妻子。

觉明:"爱,在我们的伦理和习惯以及制度中还没有得到美好地运用。那个年轻的女孩早早地走了,可没想到她的理想是用自己透支的生命作为代价。那个副总编辑走了,他也没想过自己走后留下子女和妻子的生活境遇。如果他能把对子女的爱胜于对职务的爱,也不至于心生埋怨,继而因烦恼饮酒致病。说到底,这样的爱实在太自私。这就是我们对爱的伦理教化滞后的后果。"

我:"爱在事业和家庭中,哪一个更具人性关怀呢?"

觉明:"事业对于一个人来说,它会消耗人的时间、精力、社交等方面,但会多些知识开发、理性思考,还有勇猛的战斗力。对于家庭而言,它会多些温情、融合,还有生活中的喜乐和见闻。相对事业来说,爱会减少个人潜能中的战斗力的发挥。"

我:"那如何来平衡爱在事业和家庭中的矛盾呢?"

觉明:"在心里建立一个爱的温馨空间。家人可以进来坐坐、聊聊,事业也可以进来看看、想想。不能为了家庭荒废了自己的才华,但也不能为了事业放弃了自己的健康。爱本身就是一种融合和平衡,它能让人感受和体验人间的美好生活。"

生命中作短暂的沉思

听着觉明法师的话,我陷入了深思。幸福与生命之间到底有着怎样的关系呢?我想到来国太寺之前与我的朋友的一段对话。他是做老干部工作的一个部门负责人。

我:"你负责服务的老干部当中,一年内要去世多少人?"

他:"基本上在三十人上下。"

我:"你作为负责人,是不是说,一年中要去殡仪馆三十次左右?"

他:"那是当然。老干部去世后,我是要到殡仪馆里为他们念悼词的。"

我:"你在那样的环境里,会不会对自己的生命作些深刻的思考?"

他:"刚做这项工作时,体会确实是深刻的。你想啊,前几天那个老人还在你的眼前晃悠,还与你聊天拉家常呢,几天后,人就没了。想想都让人感觉生命的无常。特别是有些平时相处很好的老干部,为我们的工作出谋划策的老干部,他们的去世会让我很难过的。"

我:"那现在再为老干部送行的感觉是怎样的呢?"

他:"多少还是会有些触动的。毕竟大家相处久了,还是有感情的。再说,哀乐总是能把人拉入一种无法言表的情感宣泄中。只是,没以前那么深刻了。"

朋友说的是实话,毕竟一年里他要去殡仪馆那么多次。我想,这是不是属于"意识免疫"呢?

我:"能跟我说说你自己对生命的理解吗?"

他:"我认为,我们的生活不应该在那样的场合才会作深刻的反思,应该将生命感受融入日常生活中,归整好自己的生活秩序,那样总比面临别人的死亡才感受生命的价值要更有意义吧。"

我正想问另一个问题,他接着说:"我的那些年轻同事们也感叹过,说在殡仪馆压抑的氛围中,大家的心情都是低沉的,也是难过的。可离开殡仪馆之后,到商场里逛了一圈,生活还是原来的生活,心情还是原来的心情。"

我:"你也是这样吗?"

他:"差不多吧。"

我原以为这个朋友是可以交流的,至少他能提出"将生命感受融入日常生活中"这样的概念。没想到,他下面说出来的话又让我陷入了迷茫之中。

他:"其实,富有哲学意味的话谁都能说上一两句。问题的关键是,又有谁能真正做到呢?说实话,我是做不到的,也不可能做到的。"

望着眼前的这个朋友,我的后背不禁一阵发凉。他说起来头头是道,瞬间否定也很有力道。不过,我还是有点钦佩他的,至少他说了句实话,并没有在我面前表现出虚伪来。

想到我曾经的一位同事,有一天我们聊起大家熟悉的谁谁谁突然生了癌症去世的消息,他不由自主地感叹起生命没意义来,说生命面前无大事,还说没有谁是活着离开这个世界的。所以,他说自己早就想通了,该放下的就放下,没必要为了职务的升迁弄得自己浑身是病。第一次听到他这样的感慨,我由衷地佩服他能勇敢地面对生活中的得失。可没过几天,他听说自己有可能得到提拔的机会,欢喜得不得了,仿佛一下子站位就提高了,大局观念也来了,说起话来与往日判若两人。那些日子里,他的心情也格外的晴朗,看谁都顺眼的样子。可结果阴差阳错,提拔的是另一位同事。先前说"生命面前无大事"的他得悉自己上船踩空的消息后,在办公室里开始骂起娘来,还说提拔的那个同事根本就没什么本事,更不要说与他的能力水平相比简直就是相差十万八千里了。总之,他觉得领导提拔那个同事简直就是愚蠢的行为。

后来,我有幸跟一位老领导共事,得闲时提及这个事例来。老领导跟我说了这样一段话:组织考察一个干部,主要还是基于平时的工作表现,以及是否有创新能力、团结能力、大局观念等,而不是看他在提拔前一段时间的突击表现。如果说某个干部因其他原因没得到提拔而对组织心怀不满,那么,这样的干部确实不能提拔任用。组织考察一名党员干部，就是要看他在组织考验时的态度。如果他一如既往地工作，甚至比以往工作还卖力，那么，下次有机会组织一定会考虑他的。老领导的话揭示了一个道理：当表现成为一种手段时，表现的本质已被手段出卖。

生活告诉我们，不要做一次性的思考和表现。要知道，世事具有连续性的因果关系。当我们做某件事之前，要提醒自己，做这件事是出于知性，而不是为了达到某种利益而采取的手段。然而，我这样的想法却得不到同事们的认可。在他们看来，我的想法都是胡扯，人生名利，自古有之，哪有什么出于知性的概念，纯属扯淡。

如何面对死亡

我："我在县城医院工作时,每次走进八病区的骨科和五病区的外科,看到的要么是身体上打石膏的,要么是身上挂着接尿袋的,要么是术后醒来喊浑身痛的。这些,倒还是活着的表现。走进九病区的肺结核传染病区,空气里的味道都不一样,通常看到病房里有护士在整理一张空床上的被褥,告诉我又一个被送进了太平间……九病区在医院里给人的感觉,就是去往天堂的驿站。很多年以来,在医院看过无数人离开这个世界,在我的亲人中也有几位父辈离我而去,我想听听您是如何面对死亡这个问题的?"

觉明："死亡,是生命的一个部分。只有死亡,才能完成生命的最后一个环节。一个从生命开始就决定的结果,谁都不能离开死亡这个轨道。也只有死亡,才将生命成为圆满。"

我："您对诗人海子的死,是如何看待的呢?"

觉明："他的死,是他诗的最后一行。他用他的死,完成了他的诗意的美。"

我："海子是诗人,他的死带有诗意的美。那么,普通人的死呢? 也有美吗?"

觉明："死亡是对生命而言的。生命的诞生是一种美,死亡同样也是一种美。只是,美有区别,有的是狂热,有的是冷艳,有的是壮观,有的是微小。无论哪一种死亡,都是对生命的交代。对生命的交代,是一种责任,更是一种义务。"

我："如何来定义死亡是一种责任和义务呢?"

觉明："生命的诞生,是为了让世界增加温暖和美好。那么,死亡就有责任为了那份温暖和美好做些努力。努力就是义务。"

我："我能这样理解吗? 有的人知道自己的生命时间已不多,但为了让自己死得有价值,主动联系红十字会,登记遗体捐献。我听一位居士说,如果做了遗体捐献,死后就不能到'极乐世界'。有这么回事吗?"

觉明："人活着对社会要做贡献，死后还能助人，这样的人的生命是有价值的。如果换作是你，你会怎样呢？"

我："假如那位居士说的是真的，我情愿不去'极乐世界'，也要捐献遗体。我认为，这才是佛的大慈大悲的悲悯情怀。您说呢？"

觉明："阿弥陀佛！生有恃怙，死有归宿。你能有如此豁达之情怀，也算是我们的交流有了意义！"

我："这个想法，主要还是源于有一年夏天我去采访一位南征北战的老连长。他对生命的观念，完全是一种精神至上的。今天，我就跟您一起分享那个老连长的故事吧。"

那是2003年8月，我走进金山区干休所，采访了金山区人武部原部长、军休干部尹继富老同志。他身体有病，却很精神。按他的话说，当年打仗、修路都没死，还怕什么病啊，更何况自己都快80岁的人了。

西藏，是个让人望尘莫及的地方。因高山气候影响，天气变化莫测，常年遭遇着风沙、雨雪、滚石、泥石流和小崩塌等自然灾害。1951年春，解放军第二野战军部队劈山开路，担负起筑建川藏公路的任务。公路线全长3 300多公里，筑路时间历经五年有余。其间平均每完成一公里的路段，就牺牲三名战士。恶劣环境，可想而知。尹继富，就是筑建川藏公路当年的老连长。

当我看到这位昔日筑路英雄的时候，我的心为之一震：2003年77岁的他，精神焕发，举步生风。他一进门，边擦额头上的汗，边与我们打起了招呼："刚才在医院输液晚了点，公交车又'反应迟钝'，让你久等了。"说话铿锵有力，洪亮震耳，让人很难看出他是身患原发性肝癌、曾做过两次肿瘤切除手术、经过六次化疗的人。

提及川藏公路，这位身强力壮的老兵显出有点激动，眼睛一下子发涩了。他说，2001年6月29日，看到青藏铁路在青海省格尔木市和西藏拉萨市举行开工典礼时，心里非常激动。看着典礼剪彩时的热烈场面，听着推土机发出的阵阵轰鸣声，不由得想起五十多年前那段不平常的修路往事。

1950年夏天，部队挺进四川甘孜，在甘孜用了近一年的时间建造了一个军用机场,为筑建川藏公路竖起了第一块里程碑。翌年春天,这支"蚁驮粒米"的部队,从成都开始向拉萨"匍匐"进军。

山路茫茫,风沙飞扬。西藏波密路段是块坚硬的"礁石"。在海拔5400米的高山上,饭煮不熟,水烧不开。为了吃饭,战士们背米下山。在上下山的路上,战士们是走两步歇息一会儿;再走两步,再歇息一会。气喘的声音,在石壁间轻轻回荡……

为节省背米上下山时间,部队采用四十架运输机来保障前沿修路部队。然而,天有不测风云,运输机常遇雨雪中途而返。空投不成,战士们时常挨饿,就连报纸和家信也成了"迟到的祝福",常常是来自三个月前的声音。

面对重重困难,部队提出了"五不怕"精神:"不怕高山缺氧,不怕流血牺牲,不怕风雪交加,不怕被雪埋死,不怕泥石流。"军人的顽强作风,令人高山仰止!

那时筑路全是手工作业。除了炸药的爆炸声、锤头和钢钎的撞击声外,就是战士们用扁担挑起竹筐时的吆吼声。干活需要力气。然而,在人烟稀少的高山上,连氧气都不愿光顾,力气从何而来?身体乏力成了问题。后来,部队从藏民那里打听到喝酥油茶可以增加体力,战士们窃喜。起初,喝酥油茶还真解了渴、加了力。后来,因酥油茶采用牛皮袋灌装,时间一长,发出刺鼻难闻的味道,战士们不愿喝。不喝酥油茶,体内就缺乏热量,还有缺氧带来的一系列不良反应。前方山峰铮铮,脚下的路需要延伸。怎么办?尹继富带头,战士们排长了队。连长喝了第一口,哇的一声,吐了出来。他擦了擦被呛出的眼泪,接着,又昂起了头。战士们看着连长,心头一热,个个捏住了鼻子,张开了嘴巴……那情景,让人看了,心都痛。

雪,是高山上的一道风景。远远望去,似仙女裙带,缥缈时现;又如白云片片,依稀可见。走近了,领略到的可不是美景,而是刺得让人眼痛的雪光。美是距离的产物,这话没错。战士们长年累月在山上干活,眼睛长期受太阳光在雪上的反射,一闭上眼睛,疼痛难忍,晚上难以入眠。为增加睡眠时间,有的战士就用毛巾敷在脸上,也有的战士在眼皮上放一点雪。可第二天,眼睛还是都睁不开……

晚上睡的是帐篷。战士们用铁锹把雪平一平,放上一块油布,在油布上铺一条毡子,拉起帐篷,两人一铺。无风的晚上是幸运的。只要晚上一刮风,夜里定会下雪,说不准还会遇上雪崩。第二天早晨起床,帐篷全"掩护"起来了。战士们一起喊口号扛帐篷。有的帐篷被雪埋了一半,大家戏称为"这个帐篷埋得好";埋不好的,那帐篷就给雪全埋了。战士们扛帐篷的喊叫声,乐观向天的笑语声,在山谷中久久荡漾,融化了近处层层的厚雪,震动了远处幽静的山峰。

西藏,天气变化没有征候。下雨无迹可循,落冰雹"不打招呼",雪的融化"涵养",常常是形成泥石流的主要原因。滑坡型泥石流速度快,冲击力强,破坏性大。部队在施工过程中,牺牲于泥石流之灾的战士很多,他们有的来不及与战友打声招呼就走了……

在唐古拉山和曲二山,战士们的身影被镶嵌在终年积雪线以上的位置。太阳离他们近了,火辣辣的,晒在战士们的脸上,像烙铁一样,印得暗红。风,有点无情,揭开战士们的皮肤,一块一块地撕落。罐头是唯一的充饥食品。蔬菜,成了奢望。最终,罐头把战士们的胃吃"革命"了。但道路,还在不断地延伸……

战士们想到了牦牛肉。

于是,连队派人下山,走进了牧民场。牦牛肉在山下煮好,费了些劲才抬到山上。香飘十里是美味。被罐头折磨得食欲不振的战士们,一见到牦牛肉,厌味的口腔生出了水。"牦牛肉比罐头香多了。""胃啊,今天给你待遇改善了。"……战士们吃着牦牛肉开心地说着笑着。香喷喷的热气弥漫在空气中,挥之不去,久久地萦绕在战士们的心头。连队从此又多了一个新鲜的话题。

再香的东西,让人每天不换口,嘴巴也难免失去使唤。后来,战士们觉得,牦牛肉比罐头还难吃……

……

1955 年 10 月,川藏公路胜利完成。

岁月易逝,经历难磨。昔日的老连长,如今真的成了"老年长"。看着他说话的神态,对往事的深情追忆,仿佛让我看到他那高大的身躯,巍峨屹立在川藏公路的峰顶。我的心慢慢地与他贴近了。临行前,我送他一句平淡的祝福："精神是活着的理由,英雄是永远的骄傲!"

　　2004年6月底的一天,金山区干休所所长给我来电话,轻声地说尹部长走了,是在6月22日。我从相册里拿出他以前的照片,心里有种莫名的伤感。

第七次对话

如何看待一个人
习惯于说谎的人
过度虚伪者的心理色彩
过分表现的人实质是自卑的人
朋友跟我说的一件事

如何看待一个人

一阵秋雨一阵凉。秋天不再燥热,我的心情也凉爽多了。雨过天晴,空气里多了清凉的气息,人也精神了许多。在这样的天色里,走在江边的栈桥上,听黄浦江水微波起伏,在清晨的阳光下如碎银般耀眼。这样的好天气,我想去扬州一趟。

怀着崇敬朱自清先生,追寻扬州特有文脉的心情,我沿着古运河,缓缓地走向那条深邃而幽静的巷子。来到安乐巷27号,天空正落下细而密的雨丝,无声地洒在这座已有百余年历史的老屋顶上。四合院的面积约400平方米,青砖覆地,无树也无花,一派古朴。这四合院,似乎还氤氲着一代大家的气息。

正厅里,一尊乳白色的花岗岩先生头像正注视着我,那样安详、亲和,还带着执著,正应了文人对他的赞颂:"月色背影宜尔情钟安乐巷,诗心侠骨教人魂许忧患生。"先生有着"最完整的人格",是"知识分子最好的典型"。此时此刻,院内只有我一人,显得清寂。我想先生是不会计较的,他生前从来不苛求世人要如何对他,更何况这是身后事。

中学时代读先生散文《春》的时候,不经意便走进了那些充满灵性活气的字里行间,放情领略嫩绿花草的气息,感受绵绵春雨的温情滋润。还有那《背影》的细腻笔触,让人品不尽人间的父子情深。自那时起,我懂得了散文的艺术张力不只在于文字本身,也在于文字以外的自然与生命的和谐,悟性与情操的融合。

走进先生的散文,就像在春天的百花园中漫步,在盛夏的夜色里独享清凉,在仲秋的黄昏中欣赏余晖,在隆冬的季节里领略飘雪。时而触景生情,时而兀自冥想。是的,先生的散文风格就像他的人品,"出污泥而不染""处高寒而孤洁"。我想,官宦们读它,会多一些爱心和自律;百姓们读它,会少一分哀怨和忧愁;老年人读它,会增加几许对岁月的留恋;年轻人读它,会减少几分无谓的伤感。

在遗物展示柜中,我看到先生写的日记,还有1948年6月18日,先生毅然在"抗议美国扶植日本并拒绝领取美援面粉声明"上签名的有关史料。虽然没见过当时北大学生退鸡蛋、清华教授不买洋面粉的场景,但我已体会到什么叫气节了。啊!《背影》中的先生是那么"柔",此时的先生又是那么"刚",这才是大写的人!我为中国人的尊严深深地向先生鞠躬。

  先生匆匆而去,背影常留人间。作为散文家,先生的佳构美文影响了几代人;作为诗人,先生的笔触就像一团火,照彻了深渊,照见了魔鬼;作为学者,先生治学严谨,桃李满天下;作为爱国的知识分子,先生的高贵品格将永远昭示着后学晚辈。朱自清因扬州而清,扬州因朱自清而扬。

  走出朱自清先生的故居,回望雨中的四合院,我心中倏然生出一缕阳光。

  从扬州回上海后,朱自清先生灵魂里的骨气对我震撼很大。那些日子里,在我独自漫步黄浦江畔时,脑子里时常追寻先生的做人为文。我想,是我要去国太寺的时间了。

习惯于说谎的人

觉明法师见到我，面带喜色，把我请进了他的办公室。一壶清茶，两张笑脸。我在这里感受着人性的光芒。

觉明："这次想聊什么话题呢？"

我："前些天，我去了趟扬州，看望朱自清先生。从先生做人风格给我的教育，让我真切地领悟到做人的真。联想到我的生活之所以发生变故，主要源于难以忍受说谎的人。您对说谎是如何看的？"

觉明："说谎对于说谎者来说，是他们实施自我保护的一种病态表现。习惯于说谎的人，他们的社会认知已呈现出病态的本能。他们只有在说谎中才能获得自欺欺人的安全感，灵魂、美德、真理、爱情、幸福等涉及真情实感和事实的生命哲学命题在说谎者说谎时统统与他们无关。他们只在意与自己相关的利益，哪怕是他的至亲，只要涉及利益，他就会毫无顾忌地以谎言来达到他的目的。"

我："那说谎者有道德的概念吗？"

觉明："人性的习惯在于，当自己做了不道德的事而被揭穿时会感到难为情。在说谎者看来，他们的道德（实质是回避道德）就是让自己的谎言被别人认为是真实。相反，如果谎言被戳穿，对说谎者来说就是不道德。谎言一旦被人戳穿，说谎者便会声嘶力竭、不择手段地用谎言的手段去维护他们的谎言，使人们误认为他们并不是在说谎，而是一个诚实厚道的人。说谎者的致命弱点不是被人揭露真相，而是遇到一个十足的沉默者。"

我："我听过一位心理咨询师说过这样一句话：对方不开口，神仙难下手。"

觉明："是这样的。一个善于雄辩的人，不怕你是个能说会道的人，就怕你是个一句话都不说的人。你沉默，他便失去了说话的对象，自然也就失去了表达的机会。"

我："说谎者的品质与年龄有关系吗?"

觉明："说谎对于孩子来说,只是为了避免被父母师长教训。而对于成人来说,除了偶尔性的给予精神上的关注之外(善意的谎言),如果以习惯性的方式表现,那么就与品质有关系了。不过,这样的善意欺骗,切不可让孩子来效仿,以免被孩子作为一种正常教育而形成心理上的认同。当然,如果在战争年代,为了窃取情报或战略战术的需要(兵不厌诈),那就另当别论了。"

我："有些人明明做了违背道德良心的事,表面却若无其事,要么隐瞒要么回避,这样的人真是很可恶的。您是如何看待这些人的呢?"

觉明："说谎者通常有两种心态:一种是懦弱,一种是自鸣得意。懦弱者,隐瞒是说谎的另一种表现。他害怕自己的异端被别人戳穿,属于生性胆小的人。而自鸣得意者,回避则是他的一种自我掩护的手段。在他看来,能让对方无法识破、无懈可击,他就是胜利者。其心态是与别人捉迷藏,这类人胆大心细,也是乐于耍小聪明的人。通常情况下,在谎言面前说谎者不管表现出懦弱还是自鸣得意,他们的心态都是有悖于社会秩序和心灵秩序的。在他们的生活世界里,永远没有阳光,只是在生命的黑暗角落里用卑微的技术为自己换取人生仅有的一点喘息的机会罢了。"

过度虚伪者的心理色彩

我一直尝试着要给虚荣心拟一个光荣的名分。可很多人不争气,让我感到很苦恼。对于虚荣和虚伪,我又很难清晰地给它们划清界限。

觉明:"所谓虚荣,应该分为三种情况:一是让内心获得一种与实情不相符合的精神上的满足。二是适当的虚荣能给人以鼓励和信心。三是虚荣过度的话,就与虚伪产生了联系。所谓虚伪,基本上有两种表现:一是有明显的背离事实的倾向心态。二是为了达到自己某种目的而采取一种看上去真实、实质是虚假的行为。不管是虚荣还是虚伪,它们都有虚的成分。只是,虚荣如果适当得到约束和控制,对人的精神是有益的。而虚伪则不然,它的本质就是为了达到某种目的。所以,它也具有两面性:如能运用好它的技术可以起到团结凝聚的作用;如果缺少胸怀和高明的手段,反而会让人识破导致让人远离。"

我:"虚伪者的胸怀是不是替人着想?"

觉明:"虚伪者有一个明显的特征,就是对谁都尽力地去讨好,几乎不会得罪哪个人。而且总以理解别人并在交流中给人以笑容的神态。当然,他的内心会有满足感,这点与虚荣心相近。"

我:"可不可这样理解,当他以一种特有的方式被人接近时,他就能收获别人的信任?"

觉明:"是的,道貌岸然与自以为是是两个极端的表现。前者是虚伪和虚荣结合的怪胎,后者是心无秩序却努力要表现出胜于别人的假象。当然,过度虚伪者的心就像涂上色彩的烂泥巴总以一种假象的姿态表现时,他的人格已暴露无疑。所以,众人都看不起这种人,虽然怪胎们总以自认为过人的智慧和能力得到淋漓尽致的发挥而扬扬得意。"

过分表现的人实质是自卑的人

我:"我的一位朋友对我说,她有一个同事简直无赖至极,不管谁跟她说话,不管说什么话题,她首先否定你的想法,然后,她再绕一个大圈子来肯定她自己的说法是正确的。您是如何看待这样的人呢?"

觉明:"否定别人,肯定自己,这也是人性中的一个方面。其实,谁都有这样的想法,只是外在的表现有直白和含蓄之分而已。换句话说,谁都希望别人赞叹自己,谁都不希望别人指责。像你说的那个首先否定别人再肯定自己的人,可能只是她的性格所致罢了。"

我:"问题是,朋友说她的那个同事在整个单位里,没哪个人喜欢她,大家都说她是个'狗不待见的人'。"

觉明:"凡是说话不给情面的人,多是不受别人欢迎的人。我想问一下,她是不是单位里的老员工,而且在一个岗位上工作了很多年?"

我:"朋友说,她的同事确实是个老员工,在办公室做办事员,一做就是二十几年。因为她说话总是冲动、声音大,所以,大家都恨不得离她远一点。"

觉明:"单位领导是如何看待她的呢?"

我:"朋友说,领导都要恨死她了。"

觉明:"领导最多是不喜欢她,为什么会恨死她呢?"

我:"朋友说,只要她认为领导哪件事做得不合理,立马就去上级信访。"

觉明:"那你的朋友有没有说过,她信访的事是不是确实不合理呢?"

我:"朋友说,领导有些事也做得确实不能让人服气。或者说,换作其他人就不会信访,忍忍就过去了。"

觉明:"这就是问题的症结所在。我们看一个人,无论是什么样的人,都不能根据他的价值观或行为以站在自己的角度对他作所谓的'客观的评价'。如果我们不认为他是恶意或狭隘的想法和做法,那么,我们就不会认为他是个令人讨厌的人。很多时候,我们通常以自己对某个人的感情来主观地评价他的是与非,这是有失客观实在的偏颇评价。相反,如果我们站在另一个角度,比方说,她是个老员工,领导也没重用她,而且让她在办公室一呆就是二十几年,这样是否对她造成一种情感上的伤害呢？这样,我们会不会对她生出一种同情和怜悯来？再说,她对领导做错事敢于向上级反映,我们不能用其他人都能忍则忍的行为来否定她的正确做法。至少,她的行为是正义的。正义的行为为什么还会被指责和抵制呢？那么指责正义行为的人算不算是非正义的人呢？"

我："听您这样分析,我的思路仿佛也被打开了一扇门。按您的辩证的思维来看每一个人的话,勇敢并不都是鲁莽,小心翼翼者并不都是懦夫,敢于表达爱的人并不都是不知羞耻。当然,还有很多类似于这样的武断判断。"

觉明："我们看待身边的每一个人,都要设身处地地想到他们自身的难处和缺点,然后抱以同情心去理解他们、感受他们。这样,我们不但不会指责和抵制,反而也滋养了我们的心灵。"

朋友跟我说的一件事

　　白天我和觉明法师聊了很多。这天晚上,我一个人沿着国太寺门前的小路静静地走着想着,想到前几天一位朋友跟我讲的关于她的一段鲜为人知的故事:

　　"我的父母是南京知青,当年为了能返城,把两岁的我送给了淮阴县当地的一户人家。这户人家住在离洪泽湖不远的地方,我的养母是个精神疾病患者,发病时就拿着菜刀砍我和我的养父,我每天生活在提心吊胆的恐惧当中。在我8岁时,养父为了让我读书,也为了给我一个安全生活的环境,就把我送到在楚州城里生活的大伯家里。可大伯到学校一打听,才知道城里学校读书都需要城市户口,我的户口在农村,没办法上学。就这样,养父只好又带着我回家。在我们到淮阴县汽车站准备转车时,养父发现自己的钱包被小偷偷走了。离家还有五十多里地,我们身无分文,怎么办? 养父对我说,女儿啊,我们要饭回家吧。可当时已到午饭时间,我肚子很饿。养父先是带着我到一家饭店要饭,那个老板对我们很凶,恶狠狠地赶我们走,说影响他们做生意。养父又带着我沿街乞讨,有一个小卖部的老板娘,她好心地给我们两块钱,养父对她千恩万谢过后,拉着我就往包子店跑。养父给我买了一碗大米粥,还有一个大肉包。饿过头的我,狼吞虎咽地将包子和米粥吃了下去。没想到,可能是我饿过头又吃得猛的原因,只觉得胃里翻江倒海,哇地一下子把刚刚吃下的包子和米粥全呕吐了出来,难过得我眼泪鼻涕一大把……在我们走到一个集镇时,养父突然胃出血,痛得直淌汗。8岁的我走到一个卖衣服的摊子前,央求那个卖衣服的人,我帮她收钱,希望能得到10元钱工资给我的养父买药。那个好心的摊主答应了我。后来,我拿着10元钱到药店给养父买了胃药。养父待我特别好,养母不发病时对我也不错,还帮我梳过头呢。我想,等我长大后有了能力,一定要好好地孝顺他们。可老天爷不开眼,就在我考上上海大学的那年冬天,养父母先后都因病去世了……"

我能理解朋友内心深处涌动的那份子欲养而亲不待的痛苦。理解是出于我的父母亲也先后离开了我。朋友跟我说起她的身世,只是希望我能理解她曾经有过的那一段刻骨的人生经历。朋友用自己经历过的人生段落告诉我一个道理：真实是人间最美的真情写照。

从江边往回走的路上,想着朋友的身世,我不觉想到当下人与人之间的各种应付,想到生命的价值和意义,也想到真情分享给人带来的温暖情怀。作为一个人的精神和情感世界,有的人需要倾诉,有的人只想静守。对我来说,每天晚上行走在自己的世界里,或聆听黄浦江风,或仰望浩瀚的星空,就完完整整地拥有了自由的境界。没有谁来打扰我,周边徒步的人都是和我不相关的人,我觉得,这时候的自己才是完全属于自己的,没有复杂的人际关系要煞心费力地去精心打理,也没有心急火燎的事要去四处奔忙,更没有敏感堵心的情感纠葛要去弄个清清楚楚。从江边回到家里,洗漱完毕就上床睡觉。从晚上9点上床,一觉睡到第二天5点醒来,满满的八个小时。我的睡眠令自己很满意。在我看来,一个完全自由的灵魂,不是自在是什么？一个完全自在的心情,不是幸福是什么呢？

按理说,被爱包围的人应该生活在幸福之中。

"我这都是为你好！"父母对于自己的孩子,这句话成了每个家长的口头禅。可又有多少父母能理解这句话在孩子的心里似乎已成为一种压力,并已演化为一种合理的模式被硬生生地塞给孩子们正在成长的心灵里,在时间的积累下有形无形地障碍了孩子的健康成长和思维判断的正常表达。孩子成长教育只是诸多关系中的一个方面,"替人着想"给人带去的烦恼甚至不快的教训,又何尝不是造成人与人之间关系僵化的另一种方式呢？

我们每个人都有一个共同的特点：始终极尽所能地维护自己的观点。我也一样。就像别人有权利认为我是个特立独行的精神病人一样,我也以同样的权利在极尽所能地维护着自己的观点和做法。在我看来,维护自身的利益是每个人作为人的一种权利,谁也不能干涉。况且,我认为自己做的并没有错——错误,应该是违背大众利益的观点,而不是自私的排他性。

第八次对话

孤独与自由是相互依存的
云层之上的声音
人为什么很难放下名利
自由的含义
怎样理解义务和道德
星空下的对话

孤独与自由是相互依存的

初冬的季节,落叶飘飞满地,草黄枯萎,西风萧瑟。澳门的朋友给我来电,说 11 月的澳门气候宜人,希望我能去散散心。

自第一次去澳门后已有三年,我也确实再想去看看走走,那里有我想念的朋友,也有我惦记的大三巴。澳门给我感觉很休闲,不像上海处处都是很忙碌的样子。于是,我答应了朋友的邀请,决定再次前往。

如果不是站在大三巴牌坊面前,很难让我相信这个奇迹——一座三百年前由意大利人设计、日本工匠建造的圣保罗教堂,三遭大火洗劫之后,仅存的教堂正门如今仍以牌坊的体态屹立于澳门。

第一次站在大三巴面前,对这座写满神话色彩的牌坊,没有更多的了解。晚饭后,朋友陪我从凼仔乘车再次前往大三巴。到水坑尾下了车,沿一条黑白相间的马赛克和碎石铺就的路悠闲地走着。是时,路灯已泛出微黄的光晕,板樟堂前地(路名)行人熙攘,沿街的房子别具特色,岭南式的廊柱,巴洛克式的建筑,略带着广州的城市风情。我们走过一条 S 形的小街之后,大三巴牌坊幽灵般地出现在我的视线里。

夜色中的大三巴,显得壮观奇美。点缀着数颗星星的夜空下,柔和的泛光灯勾勒出大三巴牌坊睡梦中的轮廓。朋友对我说起这个素有澳门地标之称的建筑来。教堂建于 1637 年,最后一次火灾发生在 1835 年 1 月 26 日黄昏,大火整整烧了两个多小时,整幢教堂只留下了一面前壁,单是这面前壁当年造价就达三万两银子。1990 年至 1995 年期间,政府曾对其数度修葺,因其与中国古老的牌坊相似,故称为大三巴牌坊……我想,这"三巴"兴许可以理解为"三把火",或者"伤疤"吧。大三巴右边是大炮台,左边有个哪吒庙,它们都在默默地向我诉说着自己的一段悠久的历史。

我们拾级而上,慢慢地走近这座糅合欧洲文艺复兴时期艺术风格与东方传统建筑特色的牌坊。

夜风从楼宇的间隔中轻轻飘来。触摸着牌坊历经风雨的墙体,我的心颤动了。颤动的不是大三巴牌坊鬼斧神工的技艺、诡状殊形的结构和设计师与建筑者对神灵的虔诚与膜拜;也不是这古老的建筑象征着意大利人怀着无限惆怅之情所寻觅的那种精神归宿,以及追寻过程中情感与智慧的冲突,而是这堵"墙"见证了一百多年殖民地人民蒙受苦难耻辱的历史!

翻开历史,可以读到这样一段文字:1535 年,葡萄牙人在澳门停靠船舶,进行贸易,后来开始在澳门长期居留。鸦片战争后,葡萄牙人又乘清政府战败之机,相继侵占了澳门南面的凼仔岛和路环岛。随着《中葡会议草约》和《中葡北京条约》的签订,澳门就这样成了葡国的"领土"。追溯历史,从国土流失的源头让人清晰地看到当年政府保护国家主权方面的无能,这其实是一种落后致辱的无奈。

岁月流走了苦难与屈辱,阳光洒来满眼的灿烂与辉煌。今天,谁都不会忘记那个让所有中国人找回尊严的日子——1999 年 12 月 20 日,这一天,澳门的上空飘扬着鲜艳的五星红旗;是这一天,澳门人从此回到了祖国母亲温暖的怀抱。

对面的街灯,温和地映着人们的笑意。牌坊一侧的白杨树,款款地晃动着夜风中的身姿。我踱着步,心头不禁爬满思绪的绿藤。澳门地标大三巴牌坊,在游人眼里大概如同妈阁庙、妈祖文化村、议事亭、金沙赌城一样,只是旅游景点,叹其高不可登的壮观雄伟,慨其精妙绝伦的雕刻艺术,然而,如果让它走出历史雾障,现身说法,我想,这"伤疤"定可成为一座警醒国人的"教育牌坊"。

在澳门玩了一天,虽有朋友陪伴,其实我的心一直是孤独的。我陷入了自己的思考。当这种思考或者说孤独向我袭来的那一刻,我恨不得第一时间要离澳门。于是,我辞别了朋友,回到了上海。

本来向单位请了三天假,回到上海后还没到上班时间,我决定徒步远行一天。这次是从龙华去美兰湖,单程走了八个小时。一路上,我想了很多,感觉习惯于思考的人,不喜欢人多热闹的地方,那样会打乱他思考的秩序。习惯于热闹的人,不喜欢安静无声,总会觉得安静像一张硕大的网,将其束缚得不能自由。思考对于一个热衷于思考的人来说,无疑于找到灵魂的伴侣。热闹的场合对于一个爱热闹的人来说,相当于找到了一个久未谋面的情人一样的冲动。带着这些思考,我又走进了国太寺。

觉明:"你说你喜欢一个人徒步远行,能说说独自徒步的感受吗?"

我:"记得第一次徒步昆山时,走到离昆山汽车站还有10公里时,确实感到很累。其实,路边就有公交车站,但我不坐。我想,若是现在上了车那我之前的路都白走了。所以,为了实现自己定下的目标,我选择艰难地往前走。"

觉明:"那你在步行中会想些什么?"

我:"我觉得,一个人在步行时是完全自由的,可以什么都想,也可以什么都不想;有时静静地只往前走,有时天马行空思绪飞扬。"

觉明:"那么你步行的收获是什么呢?"

我:"有时就会想,步行途中,我谁都不是,没有身份,没有地位,没有朋友,没有攀比,没有虚伪,也没有高傲和自卑。唯一有的,就是远方设定的目标,不气馁,不偷懒,目标就是我的勇气和意志。通过徒步远行,我最大的收获是,天下事没有难事,只要你去做,哪怕一天只做一点点,时间积累久而成功。就像那天凌晨,我从龙华去青浦大观园,一天步行了十二个小时。走到那里,也不觉得累。如果时间允许的话,我真想走个来回。"

觉明:"你以前就知道自己的腿力和体力强,是吗?"

我:"以前在部队时,虽然一天跑过75公里,但那时年轻,现在不一样了。对于徒步远行这件事来说,我知道,一个人只要有勇气,相信自己能行,再加上平时每天练习,就一定能实现自己的目标。"

觉明:"你是喜欢一个人走路吗?"

我:"对的。我不喜欢旁边有人唠唠叨叨,喜欢一个人安安静静地走,那样能听见自己心灵深处的声音。可能是我喜欢自由的环境和感觉吧,所以,我平时也不太喜欢与人交往。生活简单,思想简单,是我感到最适宜的精神状态。"

觉明:"你能徒步远行,并以思考来聆听另一个自己的声音,既锻炼了身体,又能保持清醒的思考,这是很多人都忽视和不能做到的事情。

同时,也通过疲惫的身体,来提醒自己身体的存在。其实,我们时常会忘记了自己的身体存在。就如同当一个人以勇猛者的姿态去接近目标时,往往就忽视了个体的危险性一样。"

觉明法师说到这里,话锋一转,问道:"你目前的生活状态怎么样呢?"

我:"简单是我的生活观念,基本上不到外面吃饭,一年四季也没应酬,不喝酒,不抽烟,不熬夜。我极喜安静,不喜热闹,总觉得人多的地方是烦心的活水源头,要么以谦虚的方式来展现自己的成就,要么以价格昂贵的吃穿或游山玩水来显示对生活的热爱,要么讲自己职位提升或自己的孩子取得成功,等等。这些对我来说,都是充耳不闻。我只关注自己每天到菜场买菜在家里烧饭。在我看来,因为单一,所以安静;因为孤独,所以养神。"

觉明:"你这样有规律地生活,又怎么会有神经质呢?"

我:"正因我与外界几乎隔绝的生活状态,得不到家人的理解啊。在他们看来,我应该是轰轰烈烈的那种。相反,我的这种孤独而清净的生活,他们总认为我的脑子已经出了毛病。"

觉明:"你不怕孤独吗?你不觉得自己的生活枯燥乏味吗?"

我:"孤独与自由是相互依存的。自然中的一切事物,没哪样事物能回避这个规律。正因我害怕那些整天谈无聊事的人,他们尽谈论些毫无意义的话题,比如吃什么,穿什么,到哪里玩,谁谁谁怎么怎么了,一阵说笑而过,没留下任何有思考的东西。所以,我要远离他们。在我看来,谈这些事有意思吗?对我来说一点意思都没有,完全在浪费生命中宝贵的时间。"

觉明:"那你平时都有哪些爱好呢?"

我:"我喜欢独自散步。一个人清净时,想什么,或者不想什么,没有噪音打扰,一个人就那样静静地走在自己的世界里,想生命的远近,想生活的淡稠。尤其在一个人徒步远行的时候,感觉自己什么都不是,没有身份,没有朋友,没有任何信息,没有利益得失,也没有情绪纠葛,什么事业、金钱、地位、嫉妒、争锋、夺利、虚荣等,统统都和我没关系,就是那样静静地走在自己的生命世界里。我总觉得,那些一时说笑、兴奋、激动、争辩、谩骂的事情,都与提高生命质量没有直接的关系。所以,这些内容我都不需要。我关注健康,对生命进行思考与反省,凡违背健康的事情如情绪不稳、烦神劳心、嫉妒争宠、阳奉阴违、过度饮酒抽烟、睡眠不足等等,我都在心灵深处设置了一道难以逾越的屏障,或者说,那是我的生活原则,任何时候、任何情况下都绝不违反。相反,我会盘点那些生活没有秩序的人的生活,从他们的教训中获得健康生活的途径。如此情况下,我尽可能地延续我的生命时间和提高我的生命质量。"

云层之上的声音

觉明："你这样自我封闭的生活状态，一定会听到不悦耳的声音吧？"

我："那是当然的。也有人说我的生活质量实在不高，没有朋友交往，缺乏社交能力，办什么事情都困难……有的甚至说，我这样活着简直就是浪费生命。"

觉明："俗话说，多个朋友多条路。像你这样几乎没有朋友的人，在社会中一定会遇到很多困难吧？"

我："的确如此。不过，我的生活始终坚持两个原则：没有非办不可的事情，没有非交不可的朋友。其实，每个人的生命里，有些事情可办可不办，或许办了，可能会带来一时的显摆和荣耀；不办，生活也不会失去什么，或许会有一时的遗憾，但绝不是一世的遗憾。至于朋友，我觉得朋友多了，也难以照应，那些只能看得见背影的朋友，有和没有也没有什么区别。所以，在我看来，有一个可以谈心的朋友就够了。"

觉明："那你找到了那个可以谈心的朋友了吗？"

我："我不是正在和您谈心吗？"

觉明："你看到了什么？"

我："暴雨如注。云层厚重。"

觉明："那你此刻的心境如何呢？"

我："在等待暴雨停下。"

觉明："然后，再盼望阳光穿过云彩？"

我："是的。我相信阳光一定会来的。"

觉明："阳光本来一直在，可你的心际被乌云遮住了。"

我："阳光一直在？现在明明是下暴雨啊？"

觉明："看来，你的思想还停留在云层之下啊。"

我："我明白了。"

觉明："你明白了什么？"

我:"乌云之上的天空,此刻定是晴空一片。"

觉明:"对头。看问题要站在云层之上的高度,你就心明眼亮而不会迷失自己了。"

人为什么很难放下名利

觉明:"很多人都不敢正视生活。其主要原因,就是他们从不去思考生命,也从不想生命与当下的距离到底有多远。只有等到躺下了、倒下了,才忽有所悟似地感叹身体的脆弱。实际上,我们每个人的身体除先天性遗传疾病外,都是强大的。如果用心维护,慎重善待,生命体当然强大无比,比如摩天大楼的建筑,海底世界的探寻等等,哪样不是生命体的强大所在?"

我:"这点我非常赞成。我想到我们家的家族心脑血管疾病遗传倾向已显现到我的兄弟姐妹身上。十年前,我有个大胆的想法,如果我能戒烟、徒步运动、确保睡眠、不乱吃乱喝,保持清净的生活状态,是不是血压就能得到一定程度的控制呢?以前在我社交频繁的时候,我的血压值是 165/110 毫米汞柱。医生说,立即吃药!那时我还不到不惑之年,我想通过改变生活方式调整血压。从那时起,我每天晚上 9 点前上床睡觉,保持充裕的睡眠;拒绝所有应酬;安心分内工作,不烦神、不劳心;每天保持两个小时的徒步运动。十年后,在年近知天命之年,我的血压值在没有吃过一片药的情况下竟然恢复到 126/76 毫米汞柱。可见,有序的生活,稳定的心情,对身体确是有益的。"

觉明:"对于健康,多数人都能夸夸其谈,有的人一边端着酒杯,一边感叹要好好地珍惜生命,特别是有的人在亲友的灵堂前作告别时,告诫自己工作不能拼老命啊,然而,环境一变,万事复原。如此感叹,毫无意义,自欺欺人。"

我:"人为什么很难放下名利呢?"

觉明:"怎么可能放得下呢,是舍不得呀。当初拼了命似的学习,就是为了获得高学历,谋到称心如意的工作;为了提拔,夜以继日地工作,甚至放下尊严。好不容易谋到让人羡慕的职位,拿到比一般人高的薪酬,高兴还来不及呢,哪里能放得下啊。有了这样的观念,每天都会活在自己的计划中,为了继续升迁、买房子、换车子,得拼十年甚至二十年的命啊。'健时都被五欲迷,病倒方知身是苦'。一旦中途丧命,一切都半途而废。"

我:"可不可以这样说,能坚定自己健康生活取向的人,就是热爱生活、热爱家人的善举?"

觉明:"对于一个关注身心健康的人,他一定能看到生命与当下的距离远近,他会时时提醒自己该做什么,远离什么。同样,他也能更深刻地理解亲人之间最需要的是什么。有了如此'即识羞愧,始生畏缩'的生活观念,健康就能得到一定程度的捍卫。"

自由的含义

自由不是狭义的"我想做什么就能做什么",而是在国家法律和社会伦理道德约束下的自我自在的精神行为。自由应该是一种境界,而不是自由主义的行为。任何一个社会人,他必须在社会制度和伦理道德的约束下做他自己想做或能做的工作和生活,否则,社会就会拒绝他。

我:"有没有失去了约束但又不违背道德伦理的自由呢?"

觉明:"自由像一条游在水里的鱼,如果鱼离开了约束它的水,它会怎样呢?"

我:"那自由不也像婚姻一样吗?"

觉明:"你的联想没有错。责任就是婚姻生活的水,如果双方不能履行夫妻的责任,那么婚姻势必会受到影响。任何人,不管他做什么,不管他的地位有多高,或拥有多少财富,都要受到某种制度的约束。他一旦离开了制度的约束,就会受到惩罚。社会中的人,没有哪个是不受约束的。所以,自由本身就是一种约束。"

我:"那我想干什么就能干什么,这不是自由吗?"

觉明:"你这句话说的有点太含糊。'想做什么就能做什么',这里要交代两个条件,一是做什么事的内容,符合社会大众意愿的事,当然可以做。二是不符合大众意愿的事,当然不可以做。否则,就会受到制度的惩罚。"

我:"那么自由对于精神是怎样概念的呢?"

觉明:"精神自由是个独立王国。对于一个没有信仰的人来说,他想什么都不是罪。别人也无法阻止他去想的自由。就像一个人无法阻止另一个人做梦并得到实现一样。"

我:"既然自由是属于精神层面的东西,那自由与心理犯罪有关系吗?"

觉明:"一个人要想犯罪,首先他要明确犯罪的目的性。对于没有实施犯罪而只是停留在他的自由想象的空间时,自由本身已经在犯罪。"

我:"我们如何来预防自由精神制造心理犯罪的可行性呢?"

觉明:"一个人对于社会来说,他的生命价值在于贡献社会,而不是对社会造成危害。所以,教育责无旁贷,社会道德层面上的意识形态的影响也不能坐视不管。如何塑造自由精神为自由生活服务应该放在国家层面上来看待和解决,而不是任个人自我精神的自由发挥。这如同一条鳄鱼为了吃人,它情愿冒死穿越水面一样。"

我:"那如何来理解自由、平等呢?"

觉明:"我的理解是,自由,即在尊崇社会道德伦理和遵守国家法律法规的前提下,自由劳动和生活。平等,即在相互尊重理解和职业无贵贱之分的前提下,友好协作和共处。"

怎样理解义务和道德

转眼过了一年。这一年来,通过和觉明法师的交流,以及我开始出游并带来的美好感觉的状态,我的心境平稳了很多。到了4月份,清明时节,我想回老家给父母亲上坟。

想到父母亲,总觉得他们那一代人过得太朴素,太简单。换句话说,我很羡慕他们那一代人,只为吃饱饭而活着,心里没有过多的想法,待人简单而朴实。记得父亲生病前的那年冬天,生产队有"挖河工"任务。父亲在社办企业上班,身体时常害病(后来才知道是胆囊炎),大姐已出嫁,二姐在上学,我家的那份河工任务自然落在母亲那羸弱的双肩。有天晚上,外面的风很大,我一时没睡着,父亲坐在床沿抽着烟,他在等母亲。睡意蒙眬中,我听到母亲吃桃酥的声音。母亲挖河工很晚才到家,父亲特地为母亲买了桃酥。过了一会儿,父亲对母亲说,冻坏了吧,来,用热水暖暖脚……平淡的生活中,父亲和母亲相互照应,相知如己。在乡亲们嘴里,我常听到评价父亲最多的就是"你看人家脾气多好,从不打孩子他妈"等之类的话。有时父亲出差,也会听到母亲与婶子们拉家常:"他爸出去好多天了,总惦着,回来后我心里才踏实哩。"在我们子女心里,父亲和母亲是没有爱情概念的,想的是田头地尾、春耕秋收。许多年后,我才逐渐明白,父母亲的爱朴素得像泥土,是生命中离不开的乡情土壤,虽不显山露水,却永远珍藏在他们心灵的最深处。或许从未见过父亲和母亲红过脸的缘故,我们兄弟姐妹也知疼知爱。姐姐有好吃的,总往弟弟嘴巴里塞;妹妹在学校得到表扬,姐姐总会给她鼓励。虽然生活清苦,但一家人其乐融融,和睦相处。是啊,不爱自己的兄弟姐妹,怎么会爱朋友;不爱自己的家乡,怎么会爱祖国。父母亲身体力行,为我们做了榜样。

亲情之间的义务和道德是什么呢?义务就是责任,道德就是爱护。不知我这样的想法对不对。不知怎么的,站在满眼麦苗青青的田间,就突然想到了国太寺(原名叫古墓禅寺)。时节已经4月,这样怡人的气温和天色里,我的心也飞到了那间没有一个沙发,只有几把老式的实木椅子的办公室了。

觉明法师依旧如初以垂爱的语气与我进行了交流。

觉明:"这次来,你的气色显然好多了。"

我:"近阶段以来,对您总结的'人生是阶段性的季节'这句话,想明白了很多事。我不再为得不到家人和朋友的理解而感到痛苦。相反,我倒是又想到义务和道德的问题。"

觉明:"那你对义务和道德有什么样的观点呢?"

我:"我越来越感到,我们每个人所肩负的义务越来越淡化了,以至于我自己也觉得在当下社会生活中的义务到底还在不在。"

觉明:(略微沉思了一下,似乎感觉到了我的担心和苦衷。)"作为社会生活中的人,如果失去了义务,也就意味着失去了责任。当一个人失去了责任,生活和工作的思维势必是紊乱的,没有规则和原则的,那是件多么可怕的事。你提出的这个问题,我觉得不太严谨,至少我看到当下的中国已呈现出欣欣向荣、生机勃勃的景象,又何谈义务淡化这个想法呢?"

我:"其实,我想表达的问题是普遍义务的责任。这样吧,我还是举个例子来说吧,这样便于理解。"

觉明:"你能对生活中的一种现象进行思考并提出自己的想法,这很好,那你就说说吧。"

我:"近年来,我不时地听到年轻人积劳成疾导致过劳死的消息。从义务来讲,他作为父母的子女,除了用努力证明其依靠奋斗来成就自己,还应该用健康的身体给父母一个精神上的安慰。我想说的是,如果仅仅为了前者而忽略了后者,那么这样的行为算是子女对父母尽的义务吗?"

觉明:"我们不能简单地认为义务具有的独立性。当一个人成为社会角色后,他所面对的是工作和生活,还有亲情、爱情和友情。每个人都在为满意的工作、美好的生活、幸福的爱情不断地努力。所有努力的这些内容,都被义务这根绳索牵引着。也就是说,不管我们做什么,都不能只沉浸在某种事务中而忽略其他。正如你讲到的年轻人过劳死的这个例子,恰恰就说明了这个问题。当他们沉浸在为工作而努力的过程中却忽视了自己的身体,更忽视了自己的父母将会为这种后果承担无尽的痛苦时,这就是义务丧失。我们弘扬努力奋斗,但不弘扬无视生命。同样,我们再看看教育似乎也存在同样的问题,年轻的父母们为了自己的孩子将来能成龙成凤,不顾孩子身心健康,一是加压,二是生硬地剥夺孩子的兴趣和选择,其后果也是令人发指的。这两类现象,都是义务丧失的残酷表现。"

我:"我可不可以这样理解,那些义务丧失的人,其实就是不道德的人。"

觉明:"这个问题先放一下,我先给你说个故事吧。就在前些天,有位居士对我说,她的爸爸在上班时是从来不用手机的。她爸爸退休后,觉着无事,在老同事的怂恿下开始玩起了手机。这下不得了了,微信让她爸爸整天手机不离手,只要有消息的振铃声一响,就迫不及待地去看手机、回消息。有时半夜手机响了,也会坐起来看个明白。自从玩上了微信和上网,血压噌噌地往上升,他也不当回事,尤其是和子女间的交流沟通几乎也没有了,手机成了他生活里的一切。由于睡眠得不到保证,血压越来越高,两耳不闻家里事,一心低头玩手机。就在不久前,他走路一不小心摔倒了。到医院抢救,至今还没醒过来。这下可苦了子女,一儿一女夜里轮换陪护,他们白天还要上班。"

我:"这样的父亲,我认为就是个不负责任的人。从小的方面说,叫不尽做父亲的义务;从大的方面说,就是对子女的不道德。"

觉明:"你对义务和道德之间的关系是如何理解的?"

我:"这个我倒是没深入思考过,我想听听您的解释。"

觉明:"康德对道德的研究,还是值得我们思考的。他说,假如一个商人不欺骗一个没有经验的买主,那么他算是一个有道德的人吗?假如这个商人的商铺是在一个盛行的集市里,他会不会谨慎自己的商品价格以获得正常的销售渠道?这两个问题,其实我们很难用道德去评判,只能说是一种商业秩序。我这样说,你能理解吗?"

我:"您的意思是说,道德应该具有条件的,是吗?"

觉明:"对头,义务无条件,道德有层次。"

我给觉明法师续了点茶,请他作详细的解释。

觉明:"说义务没有条件,是指义务具有不可替代的责任属性。比如,你是为人父母,就得履行父母应尽的责任;你是为人子女,就要尽子女应尽的责任。这是角色担当,也是做人的基本品质和素养。假如我们做事不顾别人感受,哪怕出发点是好的,但结果是伤人的,那么在做事之前,理应作些深刻的思考和评判,做与不做,或做到什么程度,作一下它的价值评估,以免得不偿失,悔不当初。前面讲的年轻人过劳死和过度玩手机而导致瘫痪在床的爸爸就是极为深刻的例子。由此可见,义务是一个成人必须要承担的作为人的良知良能的一件事,没任何理由可解释,也没任何借口可推托。"

我基本领会了觉明法师对义务的分析。继续听他对道德的条件作详解。

觉明:"通常情况下,我们对道德本身的概念是比较敬畏的。如果某个人被冠以'不道德'的名声,无疑给他在社会生活中带来很多不方便甚至直接影响到其身心健康。就像那个玩手机的爸爸,人们就很难会给他戴上'不道德'的帽子。事实上,由于他对家庭不负责任的后果已经给子女带来极大的负担,结果本身就说明了是'不道德'的行为。人们对于生活中常态的语言都有或多或少的忌讳,在传统意义里,那个爸爸只是为了自己的兴趣而已,怎能用'不道德'的行为来给他定义呢? 再说,人吃五谷,生病是常态,子女照顾父母,也是天经地义。所以,道德在这件事中显然被边缘化了。"

我:"在社会生活中,如何能让人们清醒地意识到道德与我们生活的直接关系呢?"

觉明:"只有教训,才能让人深刻感受。然而,这些教训和感受,往往又让根深蒂固的传统力量被人们习以为常地认为那是别人的事,或者是天经地义的事。我想说的是,当道德化身为一种观念能像花儿一样绽开在我们的心里时,道德的条件就产生了:一是做任何事之前要考虑到爱我们的人的感受。二是不为获得某种利益而采取隐晦的手段。三是在公序良俗环境下迫不得已而为之。显而易见,第一个条件的例子,就是那个玩手机的爸爸。第二和第三个条件的例子,就是前面讲的关于商人与价格的例子。"

我："我的一位朋友与他的妻子因感情破裂,已分居多年。丈夫提出离婚,妻子不愿意。起初,妻子做出努力想维持现状,无果,妻子便开始以要挟、诋毁、说谎等手段严重侵犯了她丈夫的名声并给其心理上造成了摧残。而这个妻子的做法,却得到了长辈们的理解和支持。理由是,人家不想离,是为了这个家好,至于毁丈夫的名声,也是她气急了才这么做的,可以理解啊。对这样一个典型的家庭离婚折腾案例如何来看待呢?"

觉明："这样的例子太多了,也太现实了。一哭二闹三上吊,这是中国传统妇女捍卫婚姻的基本方式。但她们只是用有悖平常的手段维护自己的婚姻而已,她们的想法没有错,只是做法有点偏激。作为一个社会人,我们做任何事都不能置道德于不顾。再说,作为一个妻子、一个母亲,她的种种行为会在丈夫和孩子的心里打下深深的烙印。随着中国新时代生活的变化,妇女在社会生活中的经济地位也越来越高,自主权利、工作能力、社交关系等并不逊色于男人。如果站在理性的角度去看待这个问题,本着相互尊重和理解的高度并以孩子的健康成长为条件的思维去处理这个问题时,相信结果不会闹得那么僵。这里我想表达的是,从人性男女本能的社会角色关系来看,男人肩负家庭的责任应该要理解女人,女人教育下一代的义务应该要宽容男人。道是左肩,德是右肩。男人为左,女人为右。人性的平衡一旦被打破,随之而来的道德堤坝就会受到外来力量的干扰和侵袭。当然,夫妻之间过的是以感情为基础的两性共筑的家庭生活,也不能简单地以道德去约束或制衡,或评判是非。用康德的话来说,'在他身上能保持尊敬其自己之人格',那么,就可以'去促进我们的幸福'。这里需要强调的是,如果我们在任何时候都能保持尊敬自己之人格,那么,还有什么不可以理解或放手的呢?"

我："如果从义务和道德之间的关系来看婚姻感情生活,会有什么样的结果呢?"

觉明："如果夫妻之间彼此都能尽到各自的角色义务,那么,在夫妻之间的不道德问题就基本上不会发生。换句话说,如果我们每个人都能做到'敦伦尽分,闲邪存诚',尽本分做人谋事,那么,生活中很多事都是可以避免发生的。"

星空下的对话

这是个月圆之夜,农历三月十五日,清明过后的第三天。我和觉明法师谈过义务道德之后,我想再进一步请教生活中涉及的方方面面。因为心情甚好,因为天气爽朗怡人。面对一轮圆月,我们的对话开始了。

我:"我怎样才能拥有好心情呢?"

觉明:"你要做到三要和三不要:一要做到内心清净,不要受到外界虚荣心的干扰。二要做到待人谦和,不要说话总像领导似的。三要做到给人以心暖,不要感觉别人都欠你债一样。"

我:"我在需要帮助时,怎样才能让同事朋友都伸出援手呢?"

觉明:"时时处处,你都要做到与人为善,那善就是你获得福报的种子。布善,不是做给别人看,也不是一时兴起,而是像农民播种一样。"

我:"当我做错事遇到别人指责时,心里难过怎么办?"

觉明:"没有谁没做过错事。当你为自己无意做错事而难过时,就是体会别人的难过最真切的体验。所以我们需要理解啊。"

我:"我怎样才能使自己和家人的身心安乐无恙?"

觉明:"每天从起床到就寝,要善待你自己和你遇到的所有人。"

我:"到底如何善待呢?"

觉明:"检验善待有一个标准,就是你问问自己,今天你的心暖了吗?心暖就是善待,心堵就是失败。"

我:"如何远离无常呢?"

觉明:"要像向日葵那样,时刻心向太阳,获取温暖和美好;也要像大海那样,既能载舟远行,也能涵养鱼虾。"

我:"我为什么有时会感到很烦呢?"

觉明:"人的烦恼,来自不成熟。人的成熟,不在于熟悉事实,而在于知道这些事实形成的理由或者原因。"

我:"不成熟有哪些表现呢?"

觉明："一是贪婪。什么都想要,恨不能世界上所有的名牌商店就是你的私人仓库。二是显摆。在别人面前,说话做事指手画脚,总以为自己什么都是对的。"

我："那成熟又有哪些表现呢？"

觉明："凡事都一分为二,你给别人带来不舒服的同时,别人也会让你不自在。就像太阳,展现地球面貌的同时,也隐藏了宇宙的面貌。"

我："别人夸赞我,我心里很高兴,有错吗？"

觉明："得到别人的夸赞,感到心情愉悦本身没有错,错就错在以此心生傲慢。"

我："那如何去除傲慢心呢？"

觉明："你要明白,去除傲慢心如同农民耕田,你所有的努力只为自己,跟别人没关系。"

我："是不是我清楚了所有的努力只为自己,就不会生傲慢心了呢？"

觉明："人与人之间,理应和谐相处,就像我们和谐自己的身体一样。如果你是个瘸子,难道你的头颅会傲慢你的瘸腿吗？"

我："当我看到长得很美的人的时候,总会目不转睛,心里就盼望拥有。这有问题吗？"

觉明："爱美之心,人皆有之。但你要知道,当你的心若沉迷于此的话,就有问题了。"

我："为什么说沉迷于此就有问题呢？"

觉明："沉迷即贪婪,贪婪即毁身心。"

我："那如何能回避沉迷呢？"

觉明："世尊说,一切组合的事物都将腐化,我们要勤劳地实践自己的救赎。"

我有点不解。

觉明："腐化之人,尽显丑陋形态。唯有修心正念,方可得永恒之美。"

我："为什么很多人都喜欢热闹？"

觉明："内心空洞的人,往往会心起无聊,继而害怕孤独。热闹可以驱散无聊,填补孤独。"

我:"无聊和孤独是不是和欲望有关系?"

觉明:"清净是欲望的背面。清净就像深谷幽兰,微微泛香。而欲望,得到之前痛苦,得到以后无聊。"

我:"那如何能获得清净之心呢?"

觉明:"你要明白,一个人不可能什么都得到。想要获得清凉自在,必须先清空你内心的欲望。修一点,得一点,日积月累,经年累月,自然而然,就能清净于心了。"

我:"我做农民时想做工人,做了工人又想做干部,做了干部后又想做科长,做了科长还想做处长……到头来我还是不满足,这是为什么呢?"

觉明:"你这样的欲望是典型的苦集两谛。"

我:"如何能达到心满意足呢?"

觉明:"欲望得到之前痛苦,得到之后无聊。你懂得弃绝吗?"

我:"什么叫弃绝?"

觉明:"所谓弃绝,就是放弃拒绝。在仕途上你始终不满足现状,那是虚荣心在作祟。如果想到用很多的时间、精力、健康甚至用自尊换来的职位,退休后却统统归零,你认为值得吗?马克思曾问一个商人,你赚了一百万元之后干什么?商人说,我要赚一千万元。马克思又问,那你赚了一千万元之后呢?商人说,要赚一个亿……赚钱和做官还有名誉,都是欲望的执念。"

我:"我平时大吃大喝有问题吗?"

觉明:"饭食是维系生命的根本。但人活着还要做些有益于身心健康和社会的事,如本末倒置的话,就有问题了。"

我:"那如何平衡这个问题呢?"

觉明:"一饭但需七分饱,万事只求半称心。吃饭和谋事一个道理,凡事都要留有余地,盈过则亏。"

我:"学佛的人,如果自己的孩子要吃荤菜,是不是也不能做呢?"

觉明:"世尊注重方便修法,不要说孩子想吃荤菜你可以做,就是你自己想吃也是可以吃的。"

我:"如果心安身净,是不是就能走近佛法了呢?"

觉明："身安道成,只是修法的一个条件。但还需要明白一个道理,那就是能否做到目不食色,脑不食睡,耳不食污,心不食秽。"

我："那如何能做到去障除碍,获得一颗清净之心呢?"

觉明："凡解脱者,皆不贪、不嗔、不痴,完全朗智戒、定、慧。"

我："凡得以解脱者,是不是就真的没烦恼了呢?"

觉明："你听说过大海和高山有过哭泣和悲苦的声音吗?"

我："近日,我发现自己时常生起莫名的羞涩感。这是为什么呢?"

觉明："心里有羞涩感,说明你在赞叹别人精进的同时,意识到自己的不足。"

我："当我发现自己有过错时,有一种悔过的心情。这有助于我进步吗?"

觉明："知错能改就是好同志。有羞愧心,说明你还有救。"

我："到底如何理解知惭、知愧呢?"

觉明："知惭,就是通过了解自己的不足,因羞耻感而产生精进心;知愧,就是通过学习进行反思,找到正见,再用心修持身口意。"

我："到底如何消除自己的烦恼呢?"

觉明："只有找到六根的造作,用正念思维断除受、想、行、识,切断六根源头就没了烦恼。你现在不可能全切断,只能切多少烦恼就少多少。这就是止。"

我："个人修持,是不是要经常自我反省?"

觉明："是的。净心修行的本质就是自我反思,观察自己的内心,是最为有效的反思。这就是观。"

我："是不是知识学得越多越好呢?"

觉明："光学不练,等于欺骗。学到说到,想到做到,才能真正地明白苦集灭道。"

我："对于名和色,生活中能找到显而易见的例子吗?"

觉明："这个很简单。假如你为国太寺捐赠堂鼓善款,本想捐赠1 000元,但又不想留名,于是就捐了999.90元。如果你作为牵头人,你的做法从某种意义上讲会对其他人有一定的影响。"

我："这对其他人会有什么影响呢?"

觉明:"捐赠情况适时公布,大家一目了然。不排除有的人本来想捐1 000元的,看到你的做法后,就捐了900元。如果有三十个人这样的想法,不就少捐了3 000元吗?"

我:"原来我对精神和物质的关系理解太狭隘了,怎么就没想到呢?"

觉明:"很多事就这样,我们总按自己的思维去做事,但往往会有被忽视的地方。"

我:"我对自己的孩子百般心疼爱护,为什么到头来我却反而有失望的感觉呢?"

觉明:"因为你对孩子付出心血的背后是带有你自己的希望的。当他没有达到你的要求,你有条件的爱每天都在徒增你的无明。"

我:"难道爱自己的孩子也不对吗?"

觉明:"爱的形式各种各样,爱的目的也因人而异。你要明白,爱是给予健康成长和自由,而不是按照你自己的方式去改变孩子。爱有责望则生忧患,爱心愈深,怨憎愈大。"

我:"那我对孩子到底如何爱呢?"

觉明:"不光是对孩子,对任何人都一样,不图回报地去关心,你就不会因为没有回报而心生怨恨。灭了无明博了爱,你就不被利益和虚荣所牵绊了。"

我:"有一天,我听到一个人说,人活一辈子就是要追求快乐,还说学佛就是让自己的身心干净。他的想法对吗?"

觉明:"修持要清楚四念处,不执著色身是干净的,不执著世间有永远的快乐,不执著内心恒常不变,不执著万物有自主自在的本性。"

我:"如果别人犯了错,我以自己的方式去惩罚他,有错吗?"

觉明:"当初提婆达多就因别人忘记倒水而乱揪别人的脖领。佛说,别人只犯了小戒,而你却犯了大戒。"

我:"到底如何理解毁戒和破见呢?"

觉明:"凡不按戒去修四念处的人,就是毁戒。以破戒的见解来取代别人有惭愧心的正见教育,就是破见。"

我:"自我通过榜样的学习,从那些优秀的老共产党员身上学到了很多激励人心的事迹,于是,我也开始从内心仿效他们。这属于什么效应呢?"

觉明:"这是典型的净街效应。别人做得好,你也就跟着做得好。"

我:"可有时我也会被个别做得不好的党员领导干部所感染,当然,感染的不是跟着他们学,而是心里生起一种愤怒的感觉来,这又是为什么呢?"

觉明:"这又是典型的破窗效应。别人贪婪,违背党章的要求,你会被影响成反执著,然后就烦恼起来了。"

我:"那如何能让自己的心不垢而净呢?"

觉明:"很简单,就是严谨自身的行为,从点滴和习惯做起,养成乐于助人的良好情操,修好品质基础,才能渐渐获得内心自在的境界。"

我:"自从我加强学习修身养性后,对孩子不再像以前那样霸道了,孩子也对我越来越好了。这是不是个人思想的进步呢?"

觉明:"对的。放过别人就是放过自己。通过阻止自己不顾别人感受的一意孤行,也是解救自己的一种方法。"

我:"是不是通过改变自己的偏激观念或自私的欲望,能让自己醒悟呢?"

觉明:"能以洞明开朗的心境对待自己,就能豁达大度待人。一定意义上说,还是能让自己渐渐趋于醒悟的。"

我:"如何能通过醒悟达到正见呢?"

觉明:"在四明觉(有益明觉、适宜明觉、行处明觉、无痴明觉)中修持自律,在苦集灭道中严谨自修,是能通达正见的。"

我:"解脱是怎样的状态呢?"

觉明:"解脱就是解决你自己实际存在的所有问题,达到尽智,无生智。"

我:"能简单明了地说一下尽智和无生智的概念吗?"

觉明:"去掉一切的执著,断尽一切烦恼,获轻安,叫尽智。断除有为生灭的智能,获得涅槃的智能,是无生智。"

我:"什么叫轻安?"

觉明:"身不犯错,口不造业,意念清净,不随境转,没有生灭,远离烦恼,就叫轻安。"

我:"如何修行,才能获得涅槃?"

觉明:"身口绝意,心莫贪恋,意不颠倒,三业清净,如是行者,渐趋觉道,自觉觉他,觉行圆满,不生不灭,不垢不净,是为涅槃!"

我:"如何才能学有长进呢?"

觉明:"首先,要找到自己的缺点,再以戒律对准修持,然后去除不良习性而引起的烦恼。这叫自律,也叫是处。"

我:"那什么是非处呢?"

觉明:"一切错误的观念和行为,就叫非处。要明白欲望处于非处,无法获得觉醒的正念。只有去除感召苦果的各种因素,才能成就修行。"

我:"那如何获得觉醒的正念呢?"

觉明:"能做到六度(布施、持戒、忍辱、精进、禅定、智慧),就可以获得正念了。"

第九次对话

自己的命运自己做主

不要相信那些带有诅咒语的转发信息

如何对待朋友借钱的事

看到别人的今天,可能就是自己的明天

与人相处,先观察自己

如何面对自己的失去

如何能做到坚持

如何面对欺骗

如何面对追求

如何看待错误

如何看待欲望

如何看待人的生苦、老苦、病苦、死苦

如何看待感性和理性

自己的命运自己做主

时间过得快,一晃又到春天时节。虽说只是 3 月刚刚冒头,可路边的玉兰花已竞相绽放。每天晚上我沿着丰谷路去江边散步,一树芳香,令身心惬意。春天总是给人一种生命萌发的感觉。闻近处起伏的江水,看高远斑斓的星空,我想到了一个朋友前不久向我道出的苦衷:他的老婆动不动就向他发脾气,而且是摔碗砸锅的那种,让他痛苦不已。我对朋友说,你得用正确的方法威慑她一下才行。可这位朋友好像习惯于被他老婆打骂一样,既痛苦又毫无办法。作为一个人,不论在家庭还是处于社会中,感觉个人的命运并不是独立存在的,总是与周围的人有着千丝万缕的关系。带着这个问题,我再次前往国太寺。

我:"为何有的家庭成员之间总是相处得不好,各人有各人的观念,而那些观念和做法有时让人匪夷所思。这到底是为什么呢?"

觉明:"任何问题不能只从结果看结果。结果是从最初的原因一步一步走过来的。一个人在什么环境下成长,就会带有其时代的、地域性的家族特征,相同的生存环境会培养出差不多的人格性格。一位信徒的爷爷奶奶吵架一辈子,最后一方郁郁寡欢,自杀身亡。由于生活环境留下的心理阴影,造成了不正常的教育观念,导致下一代的性格和人格发生偏激。一个家庭父母的关系,与周边邻居、朋友、同事、亲戚的关系,往往会翻版似的在一代一代中轮回。父辈包括父母姑父母,很容易发生同样的事,延续上一辈的方式和习惯,也遭遇差不多的结局。如果没有极强的外在力量来打破这个恶性循环,那么第三代还会继续这个死循环。可怜之人必有可悲之处。很多事其实不怨任何人,只是自己不动脑子,不修自我,不知惭愧,随波逐流,势必在精神的苦海中颠沛流离。"

我:"如何扭转一个家庭的关系和氛围呢?"

觉明:"很多家庭中,由于各自的观念不同,加之对生活的感受和理解有别,直接导致亲情被边缘化。由于起初的方法和步骤就没有正确地定位,随着时间的推移,当孩子成了父母,反观自己的父母,矛盾自然会凸显而出。凡事都要有个度,过犹不及。同样的机会同样的人事,有的人遇事会三思而行,克服内心的贪念、懒惰,自我约束,克己自省。有的人坐等花开,守株待兔,觉得全世界人都欠他似的,所有人都该围着他转才对。小时候用嚎哭打滚威胁父母,长大了用摔打家具威胁自己的亲人。自不修福,造诸恶业,鞭打父母,恶目邻里,暴虐亲友,毒言恶语。人不喜见,众叛亲离,自然也会诸事不顺,积恶无边。而被压制管束打骂的人,如果只是做了抵抗,但正义心不坚,是非心不足,那么,施暴者就会随心所欲,得心应手,受虐者也逐渐适应,得过且过。"

我:"这种现象到底是什么原因呢?"

觉明:"这是明显的斯德哥尔摩综合征。这种病症一旦形成,极难治愈。当然,自己觉得好,开心快乐,那就没有问题。现在问题是你觉得不好,受不了了,但依然不能也无法鼓足勇气,奋起反抗,只能是天作孽犹可恕,自作孽不可活了。既然上天给过你无数次机会,自己不把握,外人又怎么能够拉得动呢?犹如佛陀虽然神通广大,但是也无法度无缘之人。"

不要相信那些带有诅咒语的转发信息

我:"近日收到一个辨不明是正是邪的消息,上面说得神乎其神,玄之又玄,还说必须要转发五十个人,否则会有不祥。请问您是如何看待这样的事?"

觉明:"不知曾几何时,民间一些陋习跟随时代步伐,加入了互联网,很多恐吓、迷信、诅咒类的信息雨后春笋般地涌出来。就如之前大部分人希望能购买到正品良药,但总有人因为贪欲愚痴,要去造假,谋财害命。"

我:"那些人为什么总是昧着良心去做这样的事呢?"

觉明:"马克思在《资本论》第二十四章注解中说:一有适当的利润,资本就会非常胆壮起来。只要有10%的利润,它就会到处被人使用;有20%的利润,就会活泼起来;有50%的利润,就会引起积极的冒险;有100%的利润,就会使人不顾一切法律;有300%的利润,就会使人不怕犯罪,甚至不怕绞首的危险。人为财死,鸟为食亡。利益总是容易障蔽慧眼,让人铤而走险。虽然我们小心翼翼,但依然处处是坑,到处是套路。"

我:"那这些带有恐吓性质的山寨宗教类信息是如何形成的呢?"

觉明:"应该说,最早是正牌的宗教中某些偏激的人,为了令人生起敬畏,扯虎皮吓小鬼开始的。他们当时也是为了匡扶社会风气,提出必须怎么做,否则会怎么样,便硬性地规定信徒完成某些作业,达到预期的宗教体验。因为当时的人受教育程度低,强制性的任务更能凸显体验感受。可是这些方法套路被一些别有用心的人见到之后,他们看到了机会,在原本虽偏但绝不过的基础上,变本加厉,衍生出种种奇怪的法门来。"

我:"那么,这些奇怪的做法都用在哪些方面呢?"

觉明:"用得比较多的是,假托神仙圣人下凡,降临人间,传天地宇宙的神训,令人生起恐怖敬畏,按照他们的要求奉献钱财物品,男女牲畜,骗取信仰和供养。又或者某人仙佛附体,然后具备无边神通,开始为人治病,降妖除魔,预测世道,散布各种恐怖言论,附加非常恶毒的诅咒。"

我:"当代人都具有一定的科学文化基础知识,还能被欺骗到吗?"

觉明:"随着民众受教育程度的提高,大众知识面也普遍提高,按说这些邪教鬼神没有萌芽作乱的机会,问题在于正常的宗教产品难以值遇。所以,在广袤的农村,偏僻之地,无正品专卖店的地方,这些鬼神邪教就会死灰复燃。有一些别有用心的人,装神弄鬼,故作神秘,假借仙佛之口,牟取自身利益,纯属胡搞。为了控制恐吓大众,他们的信息都会加上诅咒语句,要求别人必须转发多少,否则会怎么样。"

我:"那么,遇到这样的事,如何做呢?"

觉明:"遇到这样的事,可以选择举报,或不理睬,或直接拉黑等处理方式。己所不欲勿施于人,没必要继续转发出去让朋友们跟着紧张。只要自己内心保持清净,善良正直,正气凛然,不生贪念心,不图额外财,你还担心什么呢?"

如何对待朋友借钱的事

我:"近日我想到两件苦恼的事,说起来好像倒是显得我有点小气了。"

觉明:"说来听听。"

我:"第一件事,还是在四年前,有个比较熟悉的朋友,他开个洗衣店。那时,每天晚饭后我都会去他的店里聊一会儿。他是安徽人,左腿有残疾,带着老婆孩子来上海多年,洗衣店离我家不远。可能我们都是农村人的缘故,我觉得他不容易。有一天,我发现他好像有心事,说话吞吞吐吐的,问他什么事。他先是显得有点难为情,继而对我说,不大好开口呢。我说,没事,你说吧。他说老家有急事需要向我借3 000元。当时,我考虑都没考虑,让他跟着我到附近的自动取款机去取钱。他很感激我,说一个月一定还我,只是一时急用。我安慰他说,不用那么着急,谁都有遇急的时候。他很郑重其事地给我打了一份欠条。"

觉明:"那后来呢?"

我:"过了一个月,他面带为难的表情对我说,实在不好意思,再缓一个月吧。我说,没事没事的。在我看来,至少他一直记着还钱这件事。过了一个月,他见到我时,显得比第一次还要为难。见此情景,倒让我不好意思了。后来,为了避免给他因还钱的事带来压力,我干脆就不去他的店里了。时间一晃过了大半年,有一天我下班,他骑着助动车在半路上遇到了我,他赶紧刹车,又是抱歉又是对不起的,说了一大堆的话。我笑着对他说,没事没事的。这件事整整过了一年,当我再次碰到他时,他差点要哭了出来,说他老婆在老家生了个儿子,手头实在周转不过来。我心想,总不能逼他养不起儿子吧。我仍然安慰他一会儿。后来,他又对我说,他自己患了小中风。他这七讲八说的,一晃就过去了两年。起初我一直理解他的难处,后来我怎么想怎么觉得我被他耍的意思呢。不想不要紧,这一想,心里的火上来了。我在外也闯荡了三十年了,怎么能被这样的人给耍了呢。我得主动去找他。可当我找到他时,他依旧又是笑脸又是赔礼的样子。我一听就来火了,语气重重地甩给他:我向你老婆要钱去。他一听这话,简直就带着哭腔似的对我说,如果他老婆知道这件事,非得跟他离婚不可。天呐,如果因为这 3 000 元分裂了一个家庭,我岂不成了罪人?"

觉明:"那后来怎么样了?"

我:"我算是想明白了,跟这样的人是纠缠不清的。为了不影响我自己的心情,我干脆拿着他的那张欠条找到他,当着他的面给撕了。别说,当我觉得他根本就不欠我钱的时候,反而觉得心情轻松了许多。活了几十年,谁没用过几千元呢,您说是不是?"

觉明:"这倒是个解除烦恼的好方法。这件事如果一直存在,你的心情就会一直被牵制,只要想到,你就会来火。当你撕毁了那张欠条时,你就给自己断了后路,没人欠你的钱啊,反而解脱了。那第二件事呢?"

我:"也是一位朋友向我借钱。她在城管局工作,是有事业编制的人。有一天,她给我电话,说老家的弟弟结婚需要用钱,向她借钱,还差 2 000 元,下个月发工资就还我。我当即就用手机转账给她。到了月底发工资的时候,她主动给我消息,说手头上有点紧,再缓一个月吧。我当然不会说什么。过了一个月,她又说再暂缓一个月。我的心情又开始发生了微妙的变化。于是,在 10 月 11 日那天,我在微信朋友圈里发了条消息,本人从 11 月 13 日起,将停用手机,回归清净生活。朋友看到这消息,赶紧给我电话,说那她还钱怎么办?后来,她把钱还给我了,可我心里却有说不出来的滋味。"

觉明:"为什么会有那种心情呢?"

我:"前面那位朋友,我觉得他有点无赖。那样的人,我对他生气,还有生气的质量。后面的这位朋友,她可能确实遇到了难处,可我却没能理解她,倒让我有点难为情了。我想请问您,到底如何来对待朋友借钱这件事呢?"

觉明:"也有人问我:为何别人向他借钱,反而显得理直气壮,好像欠他似的,能不借钱吗?我告诉他:这就是人心叵测,是非颠倒呀。这就如同男女在情感路上不要吃饱了撑的去考验人性,其实在很多时候还是不要去触碰的为好。曾有人请闺蜜来考验男友,结果是闺蜜上位自己被抛弃；曾有人拿经典提问'我和你妈同时掉水里,你先救谁'考验另一半,结果从此隔阂。在大事件前,世人都经不起考验,人性使然。人的求生欲和劣根性到底有多深,只有到了那时候才知道。很多人挣到钱潇洒时从来不会给你一分一厘,但落魄了就觉得全世界都欠他的。不是常见买楼亏钱集体去闹事吗？赚钱时却为何不见分给售楼公司呢？一切事都从自己的角度出发,那么只会看到全世界都欠自己的。和平时期,平衡状态尚好,一旦有点风吹草动,这份不平之忿就会燎原,不让我好过我也让你不好过,从来不思考别人的努力和自己的过错。作为群体生活的社会一员,注定这一生要与很多人产生联系。小时候的父母,稍后的同学哥们,然后夫妻眷属,同事朋友,合作伙伴,邻居领导等等。每个人穿着衣服都是人模狗样,但独处暗室,大事发生平衡打破,人性中的丑陋与恶劣就会汹涌爆发。所以,从现在开始,从一些小事来观察审视你遇到的所有人：将那些可能做出你无法忍受的后果的人,标注保持距离,将风险降到最低,确保自己的安全。谁也不知道哪句话哪个时候这些人就会成为破坏伤害你的人。至于这样的人找你借钱,犹如你曾经的爱侣索爱,在保护好自己的情况下,适当处理,敬而远之,免遭其害。"

看到别人的今天，可能就是自己的明天

我："近来，我看到一位朋友给我发的信息，看起来他很悲观，也很偏激，是否他的思维有点极端呢？"

觉明："看一个人的情绪，要从两个方面来分析：一是纵向来看，他平时是否这样；二是从横向来看，他近日是否遇到了什么重要的事情。这样综合起来再去看他近日的情绪，你就不会觉得他很偏激了。假如一个人刚经历了人生最大的起落，感受最大的悲痛，在失去至亲爱人的情况下，又遇到亲人来抢房子，关键是没有任何人支持他，他会如何？"

我："如果面对这样的遭遇，将如何面对呢？"

觉明："人生多苦，生存不易，但人的适应性很强。不论当初多大的伤疤，缝了多少针，在别人看来，只不过是一场伤痛而已。而对于事件本人来说，很多时候也会逐渐好了伤疤忘了疼。只是，遭遇切开创口和初期的愈合阶段，那种痛却是深入骨髓的。面临苦楚，有的人喜欢倾诉，有的人喜欢沉默，有的人希望被关怀包围，也有的人只需要不再被不断地揭开伤口。城外的人看着很热闹，没有切肤之痛是不会感同身受的。站着说话自然不腰疼，看人挑担何曾会吃力。关心慰问是需要的，但也要智慧地应对。时间总会消磨一切。"

我："如何面对生活中遇到的各类突发的事？"

觉明："生活一如流动的水，起伏不定，波澜无稳。有时看似静若明镜，却暗流涌动。祸事临门，谁都无法回避。残酷的事实一旦形成，没人能改变也无法去改变。所以，只能用坚强的意志去接受和面对，调整好心态，积极地生活，让阳光照进心里，让时间慢慢地磨洗。只有这样，才能让伤痛渐消渐远。"

我："当看到别人遭遇生命中惨淡的事时，我们要警醒自己，不幸的事是不讲情面的，谁也不知道它在哪里等着我们。但我们要清醒，做事要讲原则，不能违背常理常规，不能总是做发横财的梦，也不要毫无意义地去想不劳而获的事。譬如走路，就不能闯红灯；譬如做生意，就不能做

违法的事。是这样的吗?"

觉明:"你要知道,骑白马的不一定是王子,转角遇到的不一定是爱。祸福无门,善恶随行。很多时候,得意就会忘形,大意就会失荆州。君不见刚刚晒幸福,翻篇就是曝丑闻。"

我:"人同此心,心同此理。见到别人的痛,多一些理解;听闻别人的不幸,想一想自己的苦恼。"

觉明:"生活在同一片蓝天下,呼吸着同样的空气。虽然山川异域,但风月同天,差不多的风俗习惯和大致相同的生存背景,也许别人的今天,就是自己的明天。"

与人相处，先观察自己

我： "为什么单位同事都不喜欢我呢？看到我就会走开，我该怎么融入他们呢？"

觉明： "人与人之间，都是平等、独立、自由的个体，每个人都有自己的世界和选择，不愿意别人去触碰和改变。与人相处就是彼此碰撞，或相识相知，或相生相克，说到底就是聚散分合的一个过程。单位如是，家庭也如是。小到夫妻眷属、情人恋人、兄弟姊妹，大到单位公司、集团、部门。人都有排他性。"

我： "我总觉得与同事之间，时常会因看不惯他人而感到烦恼。"

觉明： "在与别人相处时，除了智商不对等之外，应当采取保护自己的方法，接受兼容别人。如果总是看不惯别人，一旦涉及自身利益，自然就会心生烦恼。"

我： "那如何来看待这个问题呢？"

觉明： "到一个新单位或者工作一段时间后，如发现别人不喜欢自己，那你需要反思自己，寻找问题的原因。是团队原来就是紧张气氛，是自己冲进了一个'战场'，还是平静的池水因自己进入而起了波澜。"

我： "我是一个老员工了，而且为单位做过很多有益的事呢，但我就是看不惯那些当面一套背后一套的人，在领导面前净说些违心话的人。"

觉明： "当自己还弱小或者没能力力压群雄时，那你要学会入乡随俗，但也要展示自己的底线。欺生、霸凌、欺软怕恶是动物的天性。在没搞清楚状况前，不论你后台有多大，也不要学黔之驴，暴露弱点就是等死。人无害虎心，虎有伤人意。任何时候任何地点，有新的人事参与就是一种原有状态的打破。对于领导来说，员工感情因素的秩序必然会引起改变。是变好还是变坏，是利己还是利他，情况未明，谁也不知道。但你得先学会少说话，守住自己是必修课。不论是谁，新建一个关系网，或新进入别人的地盘，都是带有敌意和审视的。如何表明自己，介绍自己，一言一行都是参照。"

我:"我在单位工作十几年下来,如果还是人见不喜呢?"

觉明:"如果是这样的话,那你就要反思了,到底问题出在哪里。是不是你为了正义感得罪了领导,是不是你为了公平规则伤害了同事的利益,是不是你为了反对形式主义破坏了工作秩序,等等,这些都是造成别人不待见你的直接原因。相反,如果你所在的单位是病态团队,那么还是尽早离开比较好。如果是自己的问题,那就要自我观照,找出问题的原因,制定改变方案,然后按部就班,逐渐修改提升。如果实在做不到,那就只能忍受退步,调整自己的心态,接受现实。很多时候,我们之所以烦恼,就是因为定位的错误。情感、工作、孩子、事业,都是如此。只有适合自己的才是最好的。别人说的是别人的,没有必要活在别人的阴影和口水里。"

如何面对自己的失去

我："人在失去心爱的人或物时，表现出的心痛和不舍，有的会异常激动，甚至还会出现过激行为。您对失去是如何理解的呢？"

觉明："失去自己的利益，一般人的体验感觉表现为：坐立不安、心神不宁、精神恍惚、情绪不稳等。失去时还会伴有怀疑、取证、失眠、绝望的特征。通常情况下，失去时的状态表现和年龄、修养、背景、地位、身份等有着直接和间接关系。比如，孩子失去母亲时，号啕大哭，慌乱无措，没有安全的感觉；年轻人失恋时，借酒解愁，一段时间里失去工作或生活的热情；职员失去提拔的机会，到处游说，怨天尤人，从此工作不负责任；领导失去某个良机，会把遇到的不公正待遇埋藏在心里，以显得大度和气魄，虽然心里不服不满。每个人时时都在失去，也时时都在收获。对失去时的态度不同，给自己的感觉也不尽相同。如果从利益的辨证关系来看，有时失去远比得到要好得多。"

我："您说'失去远比得到要好得多'，我没能理解这句话。"

觉明："这里，我给你举个例子来说吧。美国有个首富石油大亨叫保罗·盖蒂，这个人年轻时家境并不好，守着一大片收成很差的旱田，有时挖水井时，会冒出黑浓的液体，后来才知道是石油。在水井变油井、旱田变油田时，他的发财机会来了。于是，他开始雇工开采石油。作为油井的老板，保罗·盖蒂没事便到各油田去巡视，每次都看到有很多石油被浪费，甚至他还看到有很多偷懒的工人。于是，他就把工头找来，要求他消除这些浪费的问题。然而，下次他再去，浪费和闲人仍然一如既往。"

我："这可能是工人的心理有点不平衡的缘故吧。估计他们会想，老板赚了那么多钱，而工人的收入少得可怜。再说，浪费的石油跟工人的收入又没实际的关系。不在，能偷懒就偷懒，这也是可以理解的。"

觉明："保罗·盖蒂对此问题也是百思不得其解，为何我不常来，都看得出浪费和闲人，而那些工头天天在此，却视而不见？而我再三告知，却始终不见改善？这到底是什么原因呢？后来，保罗·盖蒂遇到了一位管理专家,便向他请教。"

我:"管理专家一定能找到问题的根源吧?"

觉明:"是的。专家只说一句话,便点醒了保罗·盖蒂。"

我:"那个管理专家说了什么话呢,那么神奇?"

觉明:"工人浪费和偷懒,是因为那油田不是他们的。一语惊醒梦中人。保罗·盖蒂醒悟了,立即召来所有的工头,向他们宣布:'从今天开始,油井交给各位负责经营,收益的25%由各位全权分配。'"

我:"这样一来,那工头当然有劲头了。毕竟,他们有自主的分配权了,而且自己还会有很可观的一笔收入。"

觉明:"自那以后,保罗·盖蒂再到各油井去巡视,发现不仅没有浪费和闲人的现象,而且石油的产量大幅增加。于是,他也依约行事。看上去,保罗·盖蒂失去了自己25%的石油,可他得到的却远比失去的要多得多。"

如何能做到坚持

我："在我看来,坚持伴有咬牙忍耐和克服的特性。也就是说,坚持的特质是意志和精神的体现,它具有力量的属性。可一般人面对一件难事是无法做到坚持到底的。我想问的是,一个人如何能做到坚持到底呢?"

觉明："坚持给人的最初感觉是不舒服、不愉快,在特定时间里不能自由思想,要集全身的力量或精力于一点。然而,当我们的身体或心力在难以继续下去的时候,总想在第一时间放弃某种行为或意识。比如,做俯卧撑,平时你最多做十个,现在让你做十五个,最后五个咬牙难过的感觉,就是坚持;锻炼跑步,平时你一口气最多跑三公里,现在让你跑五公里,最后两公里的上气不接下气的感觉,就是坚持。另外,同样是做俯卧撑,你每天做十个,一年、两年、三年……十年下来,我们会发现,坚持在无声中演变成习惯,而且十年后,你可以每天做十五个,最后五个不再咬牙,而是轻松自如。所以,坚持经过一定时间后,会发生质的转变而成为生活习惯。"

我："问题在于,每天做十个俯卧撑很容易做到,如果做一年都很难,又哪里能做两到三年呢?"

觉明："这里有两个问题需要搞清楚,一是你为什么要做俯卧撑,二是你对自己做俯卧撑有没有目标。一个人,如果没有生活的目标,做任何事仅是一时兴起,那么他是很难做成一件让自己有成就感的事的。"

我："这点我倒是理解的。问题在于,人的意志力很多时候会在习惯中消磨殆尽。"

觉明："20世纪70年代,是世界重量级拳击史上英雄辈出的年代。四年未登上拳台的拳王阿里是时体重已超过正常体重二十多磅,速度和耐力也已大不如前,医生给他的运动生涯判了死刑。然而,阿里坚信精神才是拳击比赛的支柱,于是,他凭着顽强的毅力重返拳台。"

我："精神固然可贵,但也得尊重事实啊。"

觉明："1975年9月30日,33岁的阿里与另一拳坛猛将弗雷泽进行第三次较量(前两次一胜一负)。在进行到第十四回合的时候,阿里已精疲力竭,濒临崩溃。可以这样说,这个时候哪怕有一片羽毛落在他的身上也能让他轰然倒地,他几乎再无丝毫力气迎战第十五个回合了。然而,他拼着性命坚持着,不肯放弃。他心里清楚,对方和自己一样,也是只有呼吸的力气了。比到这个地步,与其说在比力气,不如说在比毅力,就看谁能比对方多坚持一会儿了。他知道此时如果在精神上压倒对方,就有胜出的可能。于是,他竭力保持着坚毅的表情和誓不低头的气势,双目如电,令弗雷泽不寒而栗,以为阿里仍存着体力。这时,阿里的教练邓迪敏锐地发现了弗雷泽已有放弃的意思,他将此信息传达给阿里,并鼓励阿里再坚持一下。"

我："那结果呢？"

觉明："阿里精神一振,更加顽强地坚持着。果然,弗雷泽表示'俯首称臣',甘拜下风。裁判当即高举阿里的臂膀,宣布阿里获胜。这时,保住了拳王称号的阿里还未走到台中央便眼前漆黑,双腿无力地跪在了地上。弗雷泽见此情景,如遭雷击,他追悔莫及,并为此抱憾终身。"

生活告诉我们,坚持有时候就是走向胜利的那一片羽毛的力量。

如何面对欺骗

我："谁都不愿被别人欺骗。因为，被欺骗常常和能力不强、幼稚、傻头傻脑或大脑一时不清醒混在一起，让人瞧不起，还会被人当作笑话来讲。您说是不是？"

觉明："欺骗别人的人，成功时会觉得别人可以被愚弄，伴有喜悦的心情。欺骗别人失败时会感到骗技不精，会感到惴惴不安。被别人欺骗成功时，会埋怨自己过于愚蠢，大骂别人不道德；识破欺骗，会瞧不起骗子并认为自己精明和能干。"

我："我曾读过一篇《纯粹是一种勇气》的文章，您看看和欺骗有没有关系。一个男人十分喜欢一个女人，这个女人却对这个男人没有什么感觉。不过她也没有碰到让她特别倾心的男人。于是，她就一直拖着，没有对男人表态。过了几年，女人已经将近而立之年，却仍然没有碰到自己想要的那个人，而那个男人还在执著地等她。于是她就嫁给了那个男人，但她始终没有说出那个'爱'字。新婚这天，他们开始了一段对话：

'你不爱我，'新婚之夜，男人说，'是吗？'

'是的。'女人诧异，'既然知道，为什么还要娶我？'

'因为我爱你。'男人说，'因为我想试试，让我的爱来暖热你的爱。'

'如果不成功呢？'

'成不成功是结果，试不试是态度。'

婚后，那个男人对她百依百顺，呵护备至。女人也十分贤惠温存，知冷知热。就这么过了二十多年。

但是她还是没有说出那个'爱'字。男人也始终没有再问她。

有一年，男人得了一场重病，当他在病榻上奄奄一息的时候，他不止一次地看到女人在偷偷地落泪。他的心里居然一阵欣慰。

'现在你可以告诉我了，'一天，他问女人，'你爱我吗？'

女人犹豫了片刻，点了点头。女人的犹豫让他的心不由得一颤。

'你要说老实话，不要欺骗一个快要死的人。如果你以为欺骗会使我幸福的话,你就错了。'他严厉地说。

女人的泪水如断线之珠,滚滚而落。

'你爱我吗?'男人又问。

女人静止片刻,终于摇头。

'那你为什么常常背着我哭?'

'我……我只是习惯了你。我,只是觉得你很亲。'

'习惯不是爱吗? 亲不是爱吗?'男人绝望地问道。其实他明明是知道答案的。

'爱可以成为一种习惯,但是习惯永远也不能成为爱。亲可以很暖,但亲也永远不能成为爱。'女人说,'对我而言,时间的长短并没有引起感情的质变。'

他们都泪流满面。

半年之后,男人的身体竟然奇迹般地康复了。康复之后他做的第一件事情,就是和女人离了婚。离婚的时候,两人相对无言。"

觉明:"是的,有什么好说的呢? 他是一个纯粹的人,而她比他更纯粹。即便是面对死亡,他们也都不愿意欺骗自己和对方。在这个世界上,能够到这一步的人,又有几个呢? 纯粹是一种残忍。纯粹是一种勇气。纯粹是一种境界。"

如何面对追求

我："追求和理想具有不同的性质。理想，明确目标，相对稳定。追求，体验过程，不断感受不断调整。请问您是如何面对追求的呢？"

觉明："每个人都有自己的理想，所以，每个人都在追求中时刻体验自我的感受。追求，像时间一样，没有一刻是相同的；追求，又不像时间，时间有重复的概念，而追求总是不断变化。"

我："请您具体解释一下。"

觉明："通常情况下，追求体现一个人的生活态度。有追求的人，生活里充满了热情；没有追求的人，心里便失去阳光，生活没有抱负。追求由于表现形式不同，大致分为两种：表象的和隐形的。表象的追求，像一个人的外向性格，别人可以感知；隐形的追求，像一个人的内向性格，别人不容易感知。不容易被人感知的追求，不能说没有追求。恰恰相反，这类人的追求，往往是厚积薄发，能成就自己的人生目标。"

我："在我看来，追求应该符合自己的实际能力，或者说经过自己的努力能基本接近目标，像好高骛远就不是理想。"

觉明："美国汽车工业巨头福特曾特别欣赏一个年轻人的才能，他想帮助这个年轻人实现自己的理想。可这位年轻人的理想却把福特吓了一跳：他一生最大的愿望就是赚到1 000亿美元，超过福特现有财产的100倍。福特问他，你要那么多钱干什么？年轻人迟疑了一会儿，说，老实讲，我也不知道，但我觉得只有那样我才算是成功。福特说，一个人果真拥有那么多钱，将会威胁整个世界，我看你还是先别考虑这件事情吧。"

我："那后来呢？"

觉明："在此后长达五年的时间里，福特拒绝见这个年轻人。"

我："这完全可以理解的，那个年轻人简直有点自不量力。"

觉明："直到有一天，年轻人告诉福特，他想创办一所大学，他已经有了10万美元，还缺少10万美元。福特认为这是件通过努力可行的事，于是开始帮助他,他们再没有提过那 1 000 亿美元的事。"

我:"做一些符合实际的事,哪怕你有难处,别人也愿意伸出援手的。人之常情嘛。"

觉明:"经过八年的努力,年轻人成功了。他就是著名的伊利诺斯大学的创始人本·伊利诺斯。"

我:"追求是一个望得见的高塔,只要你不停步地向目标努力,终有一天能走到塔下。如果是毫无目的不切实际的想象,那算不上理想,只能说是瞎想。"

如何看待错误

我:"请问您是如何看待错误这个问题的?"

觉明:"每个人都犯过错误。错误有轻重之分,也有性质之别。错误大致有两层含义:一是错,行为的表现;二是误,思想的执著。在大众心里,错误,即以自己的行为,表达自己的想法,一种违背公众意志的行为和想法。"

我:"在我看来,错误不能绝对地被定义为错误。我这样说,您能理解我吗?"

觉明:"错误,是和科学认知、时代特征有着密切的关系。它有时和真理站在一边,有时和真理形成敌对关系。当错误和真理站在一边时,体现了公众愚蠢的集体偏差意识;当错误和真理形成敌对关系时,体现了公众的正义和道德。错误有时间属性,所以它的性质不能绝对确定。"

我:"其实,对错误的理解,还应该把各类条件都考虑进去,那样看待事物才符合辨证和统一、否定之否定、质量互变的规律。"

觉明:"错误像一个多棱镜,如果你只站在一个角度去审视它,你就会得出片面的结果;如果你学会从多方位去分析它研究它,你就是个明智的人。"

我:"我经常碰到这样的现象,当我们讨论一个问题时,先是大家本着问题的是非在讨论,可讨论讨论着,就偏离了讨论的主题,大家都在为自己的情绪或情面在争执。"

觉明:"有的人只要听到不符合自己心意的话,就会毫不犹豫地加以否定:他的说法绝对错误的,怎么可能会发生这样的事?还有的人明知自己做错了事,还加以狡辩:我本来想那样做的,可他偏偏要我这样做。推卸责任,为自己寻找理由,以免承担责任。所以,错误又是一个检验是非和鉴别修养的智者。"

我:"从这点来看,人与人之间的了解,最好通过一件错误的事来获取对方的思想观念和辨证的思维。"

觉明:"看待一件事的过程,至少显现一个人的三个方面:一是思维,二是性格,三是胸怀。思维表现了思考的逻辑性,性格表现了情绪程度,胸怀体现了包容性。"

如何看待欲望

一晃春天过去了,夏天的脚步已明显地加快了。天气渐渐炎热起来,想到地处农田之中的国太寺,那里应该会依然如春吧。经过八次交流之后,我越来越喜欢与觉明法师交流生活中各种各样的事。这次,我想就欲望这个问题,再去请教一下觉明法师,听听他的高见。

我:"在生活中,人们只要有什么贪念,就会被冠以欲望之名。在我的感觉里,欲望好像是贬义词。"

觉明:"在我们以物质世界为统领的精神领域里,痛苦仿佛是身披一层金色的一座石山,隐隐地耸立在人心深处。我们的心由于沉迷那金色的外表而忽视了其内在的山石,欲望之车过于勤奋,以至于日夜不停地将那闪烁着金色的一块块石块装运到我们的心灵之境地。表面上看,我们获得了生命中闪烁着金色的东西,实质上我们的内心已被那块块垒石压得喘不过气来。"

我:"您是不是说,欲望就像我们生活中的搬运车,如果它不工作了,人们就不会痛苦了。是这样吗?"

觉明:"欲望是生命存在的体现。一个人如果失去了生命的欲望,无异于行尸走肉。相反,一个人如果过于欲望,同样于行尸走肉。生命需要热爱生活的欲望,但也不能过于欲望而遗忘生命的本质和生活的意义。"

我:"那如何来认识欲望呢?"

觉明:"激情是欲望的表达形式。同样,颓废也是欲望的表达形式。欲望是生命的一种态度,我们不能笼统地把欲望定义为人们普遍默认的那种激情需要。对婴儿来说,'冷、热、饿、痛、痒'都会用哭来表达,这些属于生命体感不适的症状需要调整的状态,不是欲望的表达,而是人性的本能反应。对成人来说,做了工人想当干部,做了干部还想一级一级地提拔;做了生意想赚钱,赚了钱还想赚更多的钱……这种心无止境,就归于欲望了。"

我:"那到底如何来运用欲望呢?"

觉明:"如果欲望能维持在适当的状态下,既能实现自己的理想,又能保持家庭的温暖、身心的健康、精神的充裕,那么,这样的生活就是有趣味的,这样的生命就是有意义的。对于欲望来说,也感受着适宜的状态。我们可以说,这样的欲望就是美的,就是有利于生活的。"

我:"以前我在《西方哲学史》一书中看到,斯宾诺莎认为,人有三种基本的激情:欲望、快乐和悲伤。他说激情并不是人性的错误,而是必然属于人性的特质。叔本华认为,人类的生命是由盲目的渴望构成,只要渴望没有得到满足,就会痛苦不堪;但一旦得到满足,新的令人痛苦的欲望就接踵而来,如此反反复复,直到人们厌倦。柏格森认为,物质既起到了障碍的作用,也发挥了刺激的作用,使我们感受到我们的力量,也使我们能够加大这种力量。每当我们的行动得到充分施展时,欢乐——而非快感——是通知我们的符号,是生命取得胜利的显著信号;哪里有欢乐,哪里就有创造。"

觉明:"哲学家们的思想宛如夜空里的星辰熠熠生辉。星辰毕竟是星辰,一方面在岁月的时间长河中越洗越清晰可辨,一方面在空间跨度上却离我们的生活十分遥远。生活是琐碎的,也是热情繁忙的。由于人们各自为生活四处奔忙和前期接受教育的某种局限,大师们的思想一时还很难走进生活来指导我们的实际生活。现实生活中,我们几乎不太可能遇到纠结的事就去查阅史料或跑图书馆寻找解锁的密码。我们需要一种切实可行方法,为繁琐的生活删芜就简,为我们的生命归宿找到安放的精神家园。为此,人们需要指导生活方向的哲学思维,更需要一把自我解决问题和去除烦恼的钥匙。"

我:"对于僧人来说,请问您是如何来看待欲望的呢?"

觉明:"我将欲望归纳为'四个触角'。在我看来,欲望具有如同哲学'伸向外部触角、伸向内部触角、伸向语言触角、伸向镜像触角'一样的思维。只是,在佛学领域里强调欲望要适中调和,即中道。欲望不及,生命则衰败;欲望过极,则伤身危命。所以,我主张要用正思维(一种阳光思维,代表了积极的观念)从另一角度审视欲望,像从另一角度看待常规事物一样。若是那样,欲望就能给我们带来一个全新的视角。因为新奇,总给人创造力量的感觉。"

我:"用正思维来看待欲望,对我们的生活会有什么帮助呢?"

觉明:"不同的人和不同的人生观对于欲望的区别,不是在于要不要欲望的问题,而是在于树立怎样的欲望观念的问题。用正思维来看待欲望,就是基于身心健康的前提下,过着一种有适当的追求、适合的工作、适宜的同伴的有滋味而不乏情趣的生活,让欲望在我们的生命中发挥它应有的责任。"

如何看待感性和理性

我:"人性很复杂,理性和感性不太可能完全以独立的形式出现在哪一个人身上。绝大多数人在绝大多数情况下,理性和感性是并存的。多数情况下,是以倾向性状态显现。比方说,某个男士很理性,某个女士很感性。这种现象是说某男士常以理性状态出现在生活中,而不是说绝对的只有理性没有感性。从人性角度看,凡是有感情的人就是具有感性的,凡是有哲学思维的人就是具有理性的。人类的特性没有绝对化,理性和感性在特定的条件或心境下都会发生转变——感觉,始终左右着人的思维。比方说,一位科研工作者,在他处于工作状态时,是完全抛开人情世故的,在他的思维里只有数据和符号。而当他离开工作岗位回到家里,他又总是给妻子一个深情的拥抱。晚饭后,他会坐在阳台上,喝着一杯葡萄酒,目光凝视着夜色里的光晕,仿佛在寻找他思维里的那个灵动的数字……请问你对感性和理性的区别是如何理解的呢?"

觉明:"感性和理性的区别就是,前者只陷入当前一种激动状态,后者总以分析的思维客观而中立地面对过去、现在、将来所发生或将要发生的规律存在。为什么许多情人之间总以喜剧开场而以悲剧结束就是这个道理,他们的喜剧来自对方的无限欣赏和唯美的享受之中,而悲剧就是他们'因为了解而分手'的必然结果。了解的是对方的思想、行为、习惯、个性、态度,当这五种形式不符合自己时,分手就是很自然的事情了。相反,如果上述五种关系即使有些不合,但对方愿意为之改进磨合,并在生活中不断努力,设计'一生只做一件事,一生只爱一个人'为目标,拟定阶段性计划,从心理感知对方是自己一生的幸福伴侣,这样的人走到一起并成为夫妻,就是爱情的实现。"

我:"您认为爱情的条件指哪些?"

觉明:"纯粹的爱情条件是:一是拒绝爱情以外的一切利益关系。利益分为荣誉、地位、金钱三大类,拒绝这三大类关系在生命中扎根,内心安静拒绝社交是前提,否则,就不可能实现爱情。二是以健康为目的积极努力。两个相爱的人,健康意识很重要,健康意识有两大类:一是日用饮食。吃的食物是否洁净,直接影响到身体健康,而对食物的选择,又决定了健康条件。两个人如果在饮食健康上距离很远,无疑拉开了两个人的感情关系;二是生活习惯。习惯给人的感觉是直接的,习惯反映的是一个人的生活态度,很难说一个干净整洁和一个邋遢无序的人能幸福地生活在一起,恐怕一分钟都很难坚持。三是共同为实现对方的唯一感觉而孜孜不倦。爱一个人的前提条件是,能否把对方放在自己心里的重要位置。唯一的感觉,来自处处、时时、事事。不是哪一处,不是哪一时,也不是哪一件事,而是在生活中的所有,即时间和空间的所有。由此,我们不能认为爱情如此苛刻,就否定了爱情的存在。但爱情的这三个条件,一般人都很难做到,所以,纯粹爱情在现实生活中多属于理想的幻影。"

我:"可我看到有些夫妻真的是很相爱的啊。"

觉明:"看一对夫妻是否相爱,要把他们放进生命的长河中去审视。当然,凡事都不能绝对,当然有相爱一辈子的夫妻。否则,爱情在人们的精神世界里就会暗淡无光。问题在于,很多夫妻在生活几年后,常见的是彼此失去了尊重,也有的只是维持生活的现状,更多的是亲人般的相互扶持和照顾。"

我:"那感性和理性对爱情生活有什么帮助呢?"

觉明:"感性可以丰富夫妻的生活,理性可以帮助彼此获得尊重。同样,生活中的方方面面,涉及同事和朋友之间的相处,都离不开感性和理性的介入。如果仅仅青睐于某一方面,比如,要么感性而失去理性,要么理性而远离感性,这对个人的生活和精神都会造成一定程度的影响。能做到两者兼顾,就是一个生活有趣味而又能远离烦恼的人。"

第十次对话

人性中是否有秩序
如何过有秩序的生活
性格对生活的影响
关于爱情的定义

人性中是否有秩序

这是一个雨后天晴的日子。暖洋洋的阳光,烘干了地面上一夜落下的雨水。看着远处的田野和天空,我的思绪也纷飞开来,忽然想到一句古话:"不学操缦,不能安弦;不学博依,不能安诗。"人类的一切事,都应该与大自然的生命联系起来,那样就能找到问题的源头。这天我又来到了觉明法师的身边。

像这样一个话题,我首先想到的是人性中是否有秩序?

我问觉明法师:"人性是与生俱来的,与生俱来的事物秩序是固有的,它是否有变化呢?"

觉明法师说:"一切事物都有其内在的秩序,世间没有无秩序的事物。"他接着又说,"赫拉克利特说,人不能两次踏入同一条河流。变化是常态,一切事物都处在变化的状态中。"

我问:"如果人性秩序有变化,那么它的变化与哪些因素有关呢?"

觉明法师说:"一是自身目光的远近,二是生活或工作所处的环境,三是自我是否作思考和反省。"

我说,能请您说得具体一点吗?

觉明法师呷了一口茶,神态自然地说:"一个人拥有知识的多少,决定了对问题理解的深度和广度。所谓格局,一指人格,二指人对事物认知的范围和胸怀。个人的目光远近,就是对事物认知范围的半径,超越了认知范围,对问题的理解力就受到了制约。正如一个渔夫用他的网撒向河水里一样,网多大,决定了他捕鱼的多少。"

觉明法师的第一个观点,我听明白了。

觉明法师继续说第二个观点:"我们每个人在工作和生活中,环境会直接影响到个人的情绪。而环境是由具体的人组成的,你与什么样的人在一起,一定程度上会限制了你的思维。比如,你的身边是一个有学识且很有道德的人,你就会慢慢地受到他的思想影响,树他为学习的榜样,向他看齐,向他学习。同样,如果你的身边是一个说话就冲动,见不得别人好的人,那么你的心情就会或多或少地受到破坏。很多时候,你的情绪也会受到一些感染。环境宛如一条小河,清溪能让人的心灵清澈,浑浊能让人的心灵污染。至于出淤泥而不染的荷花,那只是诗人笔下的纯美情怀的抒发和对完美人格的一种塑造和向往。"

我表示同意,静心聆听觉明法师的第三个观点。

觉明法师说:"苏格拉底说,未经反省的人生,是没有价值的人生。任何人都是在反思和反省中不断进步和成熟起来的,一个不懂得反省的人,势必是个自以为是的人。反省,不是针对过错的问题,而是面对一个问题能从不同的高度、不同的角度去审视,还能听取别人的想法和意见,这样才能较为全面地去看待一个问题。"

我问觉明法师:"按这样的说法,能不能将秩序和存在联系在一起来看?"我说,"是不是说,凡存在的事物,就是有秩序的事物,不存在的事物,就没有秩序的概念?"

觉明法师说:"对于存在的概念,我们应该承认它具有物质和精神两个层面。秩序如果失去了存在的意义,事物必将自毁。当然,自毁的过程也是一种存在,或者说,自毁的过程也是它的秩序。"

我问:"那么,秩序到底是一种什么样的东西呢?"

觉明法师笑了笑说:"秩序不是一种东西,而是事物存在的一种内在设定的有序状态。有序状态本身,是符合事物存在或存在过程中的法则。"

我有点不太明白。

觉明法师看到我疑惑的表情,接着说:"'秩'是常规,'序'是次第。古人云,长幼有序也是这个意思。作为人性中的秩序,我们不妨理解为一个人在精神和身体方面的健康标尺。"

我说:"可不可以这样理解,人性离不开大自然的秉性,也离不开影响个人生活情绪的社会性?"

觉明法师微微一笑,说:"人生于大自然,一切都在大自然的怀抱中。任何人都离不开大自然的呼吸,风霜雨雪雷电,地震飓风山裂,就像我们的各种情绪一样。人性和大自然是相通的,就像人与人有很多相通之处一样。所以,认识别人,从认识自己开始。"

这是我和觉明法师这回的第一次交谈。

如何过有秩序的生活

这个话题,显然比前面的话题要轻松一些。

前面,觉明法师向我诠释了"秩序"的概念,对于人性秩序的理解,我有了浅显的认识。可以肯定地说,个人行为是在其固有的生理和心理条件下的自然反应。自然反应,包括个人对于行为即将产生的结果的理想性的判断。积极想做还是努力回避,关系到判断,判断本身就是心灵秩序的反应。这里,我把人性秩序等同于心灵秩序更容易理解,也更容易接受。因为,个体心灵秩序要远比人性秩序更具个体化。

对于如何过有秩序的生活,我还是先听听觉明法师的高见。

觉明法师说:"虽说人性秩序在心灵秩序、社会秩序、世界秩序等里面是最具体也最实际的一个,但它离不开人类整体生活秩序的影响。"

我一时没明白过来。

觉明法师接着说:"人对于人的影响,是人类世界中最庞大的一股力量。人的存在感、成就感、虚荣心,都是在人与人发生关系的过程中产生的。简单点说,如果一个人生活在孤岛上,恐怕他也只有通过各种努力来实现自己的存在感了。"

我似乎明白了一点。

觉明法师喝了口茶,继续说:"成就感源于事业心,而事业心往往会引起周围人的嫉妒心。换句话说,获得成就感是需要付出代价的。而虚荣心来自比较的结果,比较往往会激发一个人的努力和吃苦的精神。不管是成就感还是虚荣心,都在不同程度地推动社会的发展,但同时也在不断地伤害着自己的身心健康。"

我问:"那到底如何才能过上有秩序的生活呢?"

觉明法师深思了一会儿,端起茶杯说:"喝口茶吧。"

我端起茶杯,轻轻地喝了一口。

觉明法师放下茶杯对我说:"你这一次过来和上一次过来,有什么不同吗?"

我说:"有讨论的话题不同,也有天气的不同。第一次来下雨,这一次来有阳光。"

觉明法师笑了笑,对我说:"我问你一个问题,你却回答了我两问题。知道是什么原因吗?"

我说:"一个问题,总会有多种答案的。"

觉明法师说:"你知道吗,很多问题就是出在'总会有多种答案'的理念中。"

我问:"怎么讲?"

觉明法师说:"生活中,很多人总以一个问题得到很多答案认为是全面的。要知道,把这种想法和做法用在生活中就是总觉得获得的东西越多越有满足感,结果就过上了没有秩序的生活。其实,我们的生活本来需要的物质很少,但很多人见利就不放弃,以为拥有的财富越多越好,结果到头来生命被财富所负所累,导致疾病缠身,自己还不知道是怎么回事。"

我问觉明法师:"您的意思是不是说,我们的身体和获得财富之间有一种平衡的关系,如果这种平衡被打破,即获得财富的过程超过了身体承受之重,那么我们就会生病?"

觉明法师说:"是这样的。虽说我们每个人的身体受压的程度不相同,有的遗传基因好,体质会好一些;有的遗传基因差一些,体质就会弱一些。不管基因如何,若尽可能地维护身体并善待它,我们不仅让生命延长,更多的是让我们在精神和生活上会得到舒适的体验。"

我问觉明法师:"舒适的体验,您指的是什么?"

觉明法师说:"远离烦恼,无乱事干扰心情,内心拥有一种平静而自在的感觉。"

我又问觉明法师:"那一个人的内心秩序和他的性格有关系吗?"

觉明法师看了看时间,说这个问题我们下次再探讨吧。

性格对生活的影响

又见到了觉明法师。我说:"觉明法师,关于内心秩序和性格的话题还一直停留在我的脑海里呢。"

觉明法师落座后,对我说:"要想了解性格与个体的关系,必须要弄明白心灵和性格的关系是怎样的,我这样讲你能理解吗?"

我点了点头。

觉明法师说:"心灵给我们的启示是,你心里想的是什么,而性格则是告诉我们应该以怎样的方式去做。性格取自我们对外界事物认识过后,在体力的帮助下给人的情绪表达。"

我问:"按您的意思,一个人对外界事物的认识与年龄有关系,身体的健康与否也一定程度上与年龄有关系。是否可以这样来理解您的问题:年龄与性格的关系最近,影响性格的是年龄。"

觉明法师说:"你再说得清楚点。"

我说:"一个人在童年时对事物的认知与他在中年或晚年时对事物的认知完全是不一样的。同样,一个人在不生疾病或遭遇事故的前提下,他年轻时的身体状况与年老时的身体状况显然也是不一样的。即童年看待问题是直观的、单纯的、朴素的。年轻时的身体状况是健康的,有力度的,有朝气的。"

觉明法师点头同意了我的分析。

我问觉明法师:"那如何来理解'性格决定命运'这句话呢?"

觉明法师说:"这种说法,显然带有民族狭隘思想、带有个人倾向主义色彩。真理与性格毫无关系,性格只是情绪的不同表达,它和命运完全不搭界。"

我说:"现实情况是,很多人都喜欢与一个说话和声细语、能从对方感受去考虑问题的人交流或沟通。同样,很多人都不乐意与一个说话容易冲动暴躁、甚至蛮横无理的人打交道。"

觉明法师说:"谈论一个问题时,我们的思想应该集中在问题本身,而不应该放在谈话者的态度上。换句话说,如果对方与你的交流获得一致的结果时,你还会在意他说话的声音大小吗?"

我说:"那倒不会,只要结果是满意的。"

觉明法师说:"那不就对了嘛,为什么我们很多人总是在意对方对你的语言尊重,而忽略了讨论问题的实质?这就是我们的民族情结,总是先考虑对方是否尊重你的感受,而把问题的解决放在其次。"

我说:"我们还是回到前面的那个问题吧,请您再说说人性秩序和性格的关系到底是怎样的。"

觉明法师说:"哲学的本质,是运用理性,理解宇宙的内在关系和联系,通过逻辑思维,去思考宇宙的本质。同样的道理,人性的内在秩序,是运用个人对事物认知的感觉,分析并理解人自身的认知范围,然后通过个人精神追求的目标,去构建自己人生价值的框架。当一个人确定了自己人生追求的目标后,健康而有意义的理想就像一股和煦的春风荡漾在他的心头,由此而润物无声地影响到他的内在秩序。相反,如果一个人总是怨天尤人,认为自己怀才不遇,见谁都发牢骚,讲不公,恨不平,表明自己有能力却无施展之处,这样的人,他的心里就会有心霾形成障碍,拒绝一切,肯定自己,到头来就是形成恶劣的性格,直接影响到他的身体状况。"

我似乎明白了一点,于是对觉明法师说:"看来,人的内在秩序与个人的社会认知以及目标追求是相辅相成的关系。如果一个人追求高尚的情操,那么,他的性格也会日渐变得亲和而温婉;如果一个人立志从戎上战场,那么,他的性格也会随着和血与火的场景建立无声的联系,从而变得彪悍而勇猛。回到我们的生活中,一个人如果在单位里与同事建立了良好的关系,而且工作很努力,并能做好每一件在别人看来不起眼的小事,那么他的升迁机会就会很多。相反,如果与同事的关系很紧张,而且又总是处于'小事不想做,大事没机会'的心态,久而久之,他的性格也会受到不同程度的影响,他的内在秩序也会受到一定程度的破坏,在被同事疏远的情况下,他的健康状况也会受到干扰。"

觉明法师点点头说:"你说的没错,当一个人的心灵秩序受到影响后,他的健康也会跟着受到影响。事实证明,很多人心情长期处于压抑状态,他的健康状况总是不太好的。"

我问觉明法师:"前面我们讲的,很多人都喜欢与一个说话和声细语、能从对方感受去考虑问题的人交流或沟通,很多人都不乐意与一个说话容易冲动暴躁、甚至蛮横无理的人打交道。为什么很多人都是这样呢?"

觉明法师说:"人同此心,心同此理啊。"

我问:"那很少的一部分人呢?难道他们能接受与自己情绪相左的人说话吗?"

觉明法师说:"你没忘记这个问题很好,我告诉你,那些站在很多人另一边的很少人,就是高人,他们看问题不带个人情绪,只在乎事实。同样,他们不管你的性格如何,只要你讲的是真理,他们就乐意接受。在他们看来,好听的话是一种迷惑。比方说,假话、套话、恭维的话,这些话都能让人失去判断是非的能力,从而让说话的那些人实现自己私利的目的。"

我问觉明法师:"那我们如何总结一下人性秩序和性格?"

觉明法师说:"远离是非,切勿贪恋,清净心灵,顺其自然。"

关于爱情的定义

在我们俗人的眼里,有的人相信有爱情,有的人不相信有爱情,也有的人认为起初有爱情,后来走进生活就没有了爱情。站在俗人之外看爱情,一定会有不一样的看法。带着这个问题,我讨教了觉明法师。但心里不免有点顾虑,对于这样的问题,觉明法师会如何来面对呢?

觉明法师很开朗,听我这个话题,不觉朗朗笑了起来。

他说:"凡事凡物都有派生、成长、发展、成熟到结束的过程,爱情也不例外。爱情应该是一种艺术品,艺术在生活里的表现只能被欣赏,而不能成为生活主要的部分。艺术是一种美,美是和距离有一定关系的。"

我问:"那些相信爱情的人,他们的理由是什么呢?"

觉明法师说:"多是正处于爱情状态并享受爱情能给人带来美好憧憬的人。人总是相信正在行为的事实。你能理解吧?"

我表示同意,又问:"那些不相信爱情的人,又是什么理由呢?"

觉明法师说:"恐怕有三个方面:一是还没有找到,二是受过伤害,三是在生活中受到爱情失败者劝告的原因吧。"

我问:"那认为起初有爱情,后来又没有爱情的想法,又是什么原因呢?"

觉明法师问我:"你见过开花和结果的果树吗?"

我说:"这可就多了,比如苹果树、桃树,都是先开花再结果的果树啊。"

觉明法师笑笑说:"开花结果,本是自然生命里的一种秩序,爱情只是生命中的一种形式,有和没有,都在其中。"

说实话,觉明法师这样的答案,并不让我满意。我转了一个话题。于是我问觉明法师:"您对幸福是如何理解的?"

觉明法师说:"想要了解幸福,我们不妨先探讨一下与幸福相关的事物。"

我能理解这样的观念。

觉明法师说:"一个人若要过上常态的生活,首先他要有安全感。"

我点头说,是的。

觉明法师说:"安全感,是获得一切成果的基础。拥有了安全感,才能保证身体拥有健康、精神拥有舒展的可能性。当然,身体获得健康的主要要素有:一是具有稳定的情绪。如果一个人因为自己的想法得不到别人的认可就冲动、暴躁、蛮横,这样的情绪,会直接导致他的心率加快,血流速度也加快,身体这部极为精密的机器的状态就发生了微妙的改变。试想,一个正常的身体运作的状态一旦改变,自身内部的安全感就受到了威胁。当一个人的身体部件都处于加速度状态在运动时,他的精神气质也会受到很大的影响。偶尔为之,危害性还不大,待心境平和之后能渐渐恢复,若长期处于敏感状态,他的内部安全就不能得以保证了。"

我听得有点玄乎,人的身体还是一部自我控制的机器?

觉明法师接着说:"情绪在身体这部机器中是个微调的控制器,这点既好掌握,又很难把握。说好掌握,只要平时多思考、少争论;多学习、少显摆,基本上能得到控制。说很难把握,就是情绪往往与自身的心情有着直接的关系,当自己的利益受到伤害时,一般人就很难把握自己了。二是做到如何健康饮食。人是靠饮食维持生命的,你的健康与否,就是吃喝出来的。"

觉明法师接着说:"另外,很多人对睡眠与健康的关系,还是有一定的误解的。一般人的观点是,只要睡眠的整体时间足够,就不会影响身体修复的差距。其实,人的睡眠和时间的精度及长度有着直接的关系,即什么时间睡和睡多长时间,这点古人已有研究,这里我就不多说了,下面我要说的是适量的运动。运动的目的,是为了健康,但很多人总是顾此失彼。顾此失彼,是人一生中最大的失误,很多人栽倒毙命在这个温柔的池塘里。"

这倒是我没想过的事情呢。我请觉明法师说得清楚点。

觉明法师说:"我们多数人都活在'以为获得,其实失去'的世界里。比如,获得了成就,失去了健康;获得了金钱,失去了感情;获得了认同,失去了思想。"

对前面两点,我能理解,对最后一点,我有点疑惑。

觉明法师说:"当你读一篇文章,觉得作者写得特别好的时候,你就失去了自己的思考。换句话说,你的思想被作者统领了。这样你能明白吗?"

我好像有点明白了。

于是我问觉明法师:"是不是说,我们任何时候都要保持思考的清醒,只有思考,才能证明自身的存在?"

觉明法师肯定了我的想法,说:"任何时候都不要失去自我,存在感是自我呼吸的直接反应。哪怕你与别人对某个问题有相同的看法时,你仍然要保持清醒的头脑,否则,你就容易被别人以一种赞誉你的方式而左右。"

我有点迫不及待地问觉明法师:"那我们俗人到底与爱情的关系是如何呢? 幸福和生活之间,幸福和爱情之间,到底能不能调和呢?"

觉明法师不禁笑了起来,对我说:"你看你,有点耐不住性子了。我前面讲的是身体与幸福的关系,而爱情与幸福的关系,说简单也简单,说复杂也复杂。说简单,就是对幸福本身的定位。有的人,粗茶淡饭,不与人攀,两情尊重,就是幸福。而有的人,生活条件富裕,但精神空泛,无有是处,自然谈不上幸福。说复杂,就是人性的复杂,谁都无法用统一的标准去定义爱情和幸福的关系。佛教里说'四念处',即观身不净,观受是苦,观心无常,观法无我。如果你能对'四念处'的内容理解了,并能去实践,那么你就能完全明白爱情与幸福的实质了。别人永远是别人,你才是你自己。当你不能掌握别人所思所想的时候,你又怎能把握你与别人的爱情和幸福呢?"

觉明法师的最后一句话,令我醍醐灌顶。是啊,别人永远是别人,你才是你自己。不要说我们无法掌握别人的所思所想,其实,很多时候,我们连自己都无法掌握。

后 记

我们每个人心里都有一条不竭的河,它承载着我们的幸福和痛苦,还有似有似无的几乎被忽视的生活平淡,一日一日地在时间里流淌着。它起伏着我们对父母和子女的情感表达,也回荡着我们平凡的工作和滋生烦恼的日常生活。这条生命之河,别人看不见,它只静静流淌在我们的内心深处。

这条河,让我们或远或近地感受着它。当我们处于幸福时,它会荡出美丽的浪花儿;当我们陷入痛苦时,它会凝固结冰,现出寂寞和寒冷;当我们漫步思考时,它会微波荡漾,宛如一望无际的海平面……

在这条主宰我们生命方向和时刻感受心情状态的河流中,有时我们会像一团随波暗蔼的浮萍千回百转,有时我们又如同一轮旭日朝气蓬勃日行万里……

在我离开家乡后,经过各种历练,铸就了刚毅、正直,秉承实事求是、追求真理的品质,同时又融合了思考和以笔抒怀的柔情。很多时候,我的心就像那团随波漂动上下起伏的浮萍在社会的激流中千回百转。我告诫自己,不能让自己的生命随波逐流。于是,我用十年的时间对自己的生命进行了一次沉思。

在沉思中,我发现对于幸福的理解,各人有各人的内容。对于痛苦,每个人虽然都在极力地回避,但无论如何去努力,痛苦就像空气一样在我们的一呼一吸之中。

在沉思中,我还发现时间像一条无形的绳索,我们经历的每一次幸福和痛苦,都会在这根无形的绳索上打结。当我们在绳索上无法再打结的时候,生命给予我们的时间也就基本上船到码头人到岸。每个人都在时间的绳索上行走着,独一无二。如同我们每个人的生活思维一样独一无二。

我沉思了十年,想了关于人生的很多现象和问题。我带着这些问题走近了觉明法师,通过对话之后,我的思维和观念得到了启发。回想与觉明法师的十次对话,宛若经历了不同寻常的富有人生启发的十年旅程。很多时候,对话是随机式的,即便如此,对我来说也是十年中面对生活呈现出的各种现象找到了有效的对接口。我想我们的对话是极其珍贵的。于是,我把对话进行了梳理,并以《心里的那条河》作为书名,寓意我们每个人都有独立的思维并沿着自己的人生方向默默地前行。当我将这些对话以文字形式梳理出来请觉明法师过目把关时,他对我是极为信任的。在人生的岁月中,没有什么比得到别人信任更让人感到欣慰的了。想到《孟子·告子上》"欲贵者,人同此心也"这句话,心里不觉生起涓涓波澜来。人生如河。如心向汪洋大海,就会浩浩荡荡奔涌向前;若心志森林丛山,就会纤弱细致委婉静流。人性有相通之处,也有别样色彩。凡相通者,可款语温言;凡别样者,只能敬而远之。人间多事,多不过一个"情"字;天下之大,大不过一个"理"字。若在情在理,即使别样,也能绽放出多姿多彩的花儿来。遇事不我执,就能融合。

  同时,我还将书稿发给北京的李红女士,她也给予了我极大的鼓励。在此表示感谢!

  对于读者,我想表达的是,为了让我们在有限的生命时间里做些有意义、有情怀、有责任的工作,生活得愉快而有条理,重新梳理一下属于我们个人的时间和精力,以哲学的思维来审视自己的生命意义,然后,以清醒且阳光的精神状态去走现在和未来的道路。

写于上海家中

2020 年 4 月 22 日